ISABELLA SANTO DOMINGO

LOS CABALLEROS LAS PREFIEREN BRUTAS

Isabella Santo Domingo, nacida en Colombia, ha ejercido el periodismo desde muy joven. Columnista, directora de revistas y conductora de programas de televisión y radio, también ha escrito guiones. Uno de sus trabajos, *Victoria*, recibió el premio a la mejor miniserie de la televisión colombiana. Su talento dramático la ha llevado a actuar con éxito en dos telenovelas, *Perro amor* y *La saga*.

LOS
CABALLEROS
LAS PREFIEREN
BRUTAS

LOS CABALLEROS LAS PREFIEREN BRUTAS

ISABELLA SANTO DOMINGO

VINTAGE ESPAÑOL
Una división de Random House LLC
Nueva York

PRIMERA EDICIÓN VINTAGE ESPAÑOL, JUNIO 2014

Copyright © 2004 por Isabella Santo Domingo

Todos los derechos reservados. Publicado en coedición con
Penguin Random House Grupo Editorial, Barcelona, en los
Estados Unidos de América por Vintage Español, una división
de Random House LLC, Nueva York, y en Canadá por Random
House of Canada Limited, Toronto, compañías Penguin Random
House. Esta edición fue originalmente publicada en España por
Penguin Random House Grupo Editorial, S.A., Barcelona, en
2004. Copyright de la presente edición © 2004 por
Penguin Random House Grupo Editorial, S.A.

Vintage es una marca registrada y Vintage Español y su colofón
son marcas de Random House LLC.

Información de catalogación de publicaciones disponible en la
Biblioteca del Congreso de los Estados Unidos.

Vintage Español ISBN en tapa blanda: 978-0-8041-7194-6
Vintage Español eBook ISBN: 978-0-8041-7195-3

Para venta exclusiva en EE.UU., Canadá, Puerto Rico y Filipinas.
www.vintageespanol.com

Impreso en los Estados Unidos de América
10 9 8 7 6 5 4 3 2 1

A mi hija Daniela (Moshita)
Tú eres mi hogar, mi familia entera

ÍNDICE

Tercera parte
CASARSE: ¡UNA CUESTIÓN DE CONVICCIÓN...
Y DE CONVICTOS!

INTRODUCCIÓN

"La mujer se da. El hombre se aumenta con ella".

EN CUANTO A MI FOBIA PERSONAL AL MATRIMONIO confieso que los ejemplos que he tenido la desgracia de tener a mi alrededor, tampoco me han sido de gran ayuda. De hecho, han sido extremadamente patéticos: feministas consumadas, tíos adúlteros, primas sumisas, amigas exitosas pero solteronas, parejas separadas, divorciadas, nuevamente "rejuntadas", amigos indecisos y un gran número de "amigos aún más confundidos", popularmente conocidos como la creciente y pujante comunidad gay, a la cual adoro pues no ocultan su condición, y además han logrado establecerla como un nuevo y hasta respetable estilo de vida. ¿Pero y de la comunidad hétero qué? ¿Qué está pasando allá afuera que se ha vuelto tan difícil aceptar la sola idea del compromiso? ¿Por qué cambiamos tan rápidamente de pareja? Popularmente hablando también, un nutrido grupo de confundidos de todos los tipos sociales, culturales, religiosos y demás, es lo que habita y lo que se conoce en los bajos fondos como "El Mercado nacional del usado". Un oscuro lugar (generalmente el bar de moda) en donde interactuamos todos los emocionalmente inestables. Tema del cual les hablaré más adelante. Como también hablaremos sobre el verdadero mal del nuevo siglo que no es el SIDA, sino la inestabilidad emocional.

Después de esta confesión gratuita de mi condición de MEI (Mujer Emocionalmente Inestable), antes que nada quiero disipar cualquier duda que tengan sobre la autoridad que tengo para escribir un libro de auto-superación, de quejas y reclamos (como prefiero llamarlo), un menú de frustraciones femeninas a la carta, un manual de reflexiones y consejos personales que a lo mejor no interesan a nadie. Uno de esos ejemplos inútiles que no sirven más que de relleno para el hueco que aún queda en la biblioteca. Un objeto decorativo, un artículo de moda o de quinta o de lo que usted prefiera. Por esta razón, aclaro que no tengo ninguna autoridad más que la que me confiere el haber ido a una fiesta de más, haberme tomado un trago de más y haber salido con un tipo de más.

Si lo que aún busca a través de estas páginas es a una gurú del amor, a una Dalai Lama de las relaciones interpersonales, a una Osho del sexo, corra inmediatamente a devolver este libro y de paso, de mi parte, exija que le devuelvan su dinero. No soy sicóloga, no soy feminista, no soy machista, no soy gay, no soy la solución a ninguno de sus problemas reales, inventados o magnificados. La única autoridad que tengo es la de haber vivido, la de haber sentido, la de haber elegido (casi siempre mal, lo admito) pero, más que nada, la de haberme atrevido. La que me he otorgado luego de un largo camino recorrido para poder admitir que tal vez aún no sé lo que quiero, pero vaya si ya tengo una muy buena idea de lo que no quiero, de lo que no me sirve en esta vida.

CONTRAINDICACIONES:

Advertencia: Este libro o manual no debe ser leído por nadie que no goce de una alta dosis de tolerancia y de sentido del humor. Aquellas personas que carezcan de esta condición anímica no deberán intentarlo, pues corren el riesgo de no entender una sola frase del mismo. Y, por ende, se arriesgarán innecesariamente a perder su tiempo y, por supuesto, su dinero. No es recomendable que lo lean aquellas personas que decididamente no se quieran casar nunca, con todo lo que ello implica, o quienes ya lo han probado y no quieran volver a repetir la nefasta experiencia. No deberá ser leído ni por los machistas radicales, ni por las feministas consumadas con quienes mi nueva posición y mi opinión personal sobre la denominada "guerra de los sexos" no estaré dispuesta a discutir, ni mucho menos a contestar sus tutelas. Mi abogado últimamente es un hombre muy ocupado: sale conmigo.

CUIDADO, CABALLEROS, AQUÍ HAY TRAMPA...

Este libro de Isabella Santo Domingo es extremadamente peligroso. Tan peligroso como Isabella. Y debería estar prohibido, así como, de alguna manera, ya lo está ella. Es una mina antimacho, una trampa para cazar señores, un atrapabobos. Se entra a él animado por el aire de tranquilidad que ofrece su título, y a poco andar se percata uno de que está metido en un berenjenal del que no hay salida buena. Y es porque, cuando uno ha descubierto que se trata de una conspiración para dominar a los varones, ya es tarde: yo vine a intuirlo por allá en la página treinta y pico y, al alzar la mirada, me vi rodeado de rejas, y, arriba, la cara de Isabella que sonreía maliciosamente. Había caído en el cepo. Era uno más de los que había penetrado al laberinto convencido de nuestra superioridad sobre las mujeres, o por lo menos sobre las mujeres brutas —nuestras preferidas, nuestras musas— y ahora me veía preso en la madriguera isabellina, atónito, inerme, sorprendido.

Gracias a que ya estaba pactado este prólogo, puedo ahora mismo dar alaridos desde el fondo del guacal para advertir a mis congéneres que tengan cuidado, que no se aventuren en estas páginas procelosas si no quieren arriesgar la razón de ser de su relación con las mujeres, si no están dispuestos a que les aporreen el ego hasta dejarlo, como el mío, malherido.

Caballeros: ¿dónde está la trampa? La trampa está en que, si llegan a imponerse los consejos que da Isabella en este manuscrito perverso, va a ser difícil distinguir a la verdadera mujer bruta, esa adorable y fiel compañera que forjamos a lo largo de muchos siglos, y la falsa mujer bruta, peste de los nuevos tiempos, amenaza social, aborto de Belcebú. Lo que está aconsejando Isabella a las demás mujeres es que conviene crear un "nuevo machismo por conveniencia" consistente en hacernos creer que ellas son pasto de necedad y estupidez, y luego, aprovechando la confianza infundida de manera hipócrita, dominarnos desde el otro extremo del carrete. En fin, el viejo truco de la barracuda, que muerde la carnada a sabiendas de que su fuerza le permitirá ganar la partida desde la desventaja del anzuelo y quedarse con el señuelo, el sedal, la caña y, si pilló descuidado al hombre que la asechaba, incluso procurarse un banquete de pescador inepto.

"Lo que ellos no saben es que ninguna mujer es realmente bruta; es que nos *hacemos* las brutas, que es muy distinto". He ahí la repugnante filosofía de esta gran celada. No voy a entrar en detalles porque aparecen en las páginas nefandas que ustedes van a leer a continuación, y, sobre todo porque, sinceramente, me avergüenza comprobar el yerto descaro con que la autora tiende el engaño. Los lectores descubrirán revelaciones insólitas sobre orgasmos fingidos, falsas ilusiones creadas, libertades sexuales que —como lo demuestra la Historia— solo resultan aceptables para nosotros, y una tabla de clasificaciones que escandalizaría a cualquier varón de buena fe.

Lo digo desde lo más hondo de mis convicciones y de la jaula donde me encuentro.

Hace muchos años escribí en mi columna semanal *Postre de Notas* que las mujeres no tienen humor. Me desmiento. Ahora, después de leer este tratado de malas artes que pone en nuestras manos Isabella Santo Domingo, debo rectificar lo dicho. Leyéndolo

me he reído con la risa feliz y reparadora de un preso incomuni-
cado. Que es lo que soy.

Señores: ¡¡¡exijo terminantemente que me liberen!!! ¡Pido que
me liberen! Ruego que me liberen. ¿Me sueltas, Isabellita, porfa?
¿Isabella? ¿¡ISABELLA!?

Dios mío, ¿hay alguien ahí?

DANIEL SAMPER PIZANO

PRIMERA PARTE

DIOS LAS CREA Y ELLAS SE FRUSTRAN

CAPÍTULO 1

REVIVAMOS NUESTRA HISTORIA

¿Eva? ¡Eva era la Biblia! Y, valga la redundancia, si lo dice
la misma Biblia: "Amaos los unos a los otros". Sí, pero cerciórese
al menos de que no se la pillen.

P ERO SI LO DICE LA HISTORIA, ¿por qué venir ahora a cambiar
por nuestro propio sudor y cuenta el curso de la misma? La
Biblia, por ejemplo, dice que está bien amar al prójimo y también
a nuestros enemigos. ¿Será porque en ambos casos está hablando de
la misma persona, es decir, de la pareja? ¿O acaso la interpretación
libre de amar al prójimo se refiere al vecino? Cuídese de que no
la vayan a pillar. Entonces si la misma historia es la que se encarga
de darnos valiosas enseñanzas para el futuro, ¿para qué hacerle
fiesta a tanto caldo de costilla en cubito como si realmente nos
solucionara la vida? Si está demostrado que la modernización, en
ocasiones, lo que ha hecho es complicarnos la vida. Si cocinar se
vuelve realmente tan sencillo, en un futuro no nos van a necesitar
y no vamos a tener con qué chantajearlos. Hablando de costillas
y de religión, yo reclamo el derecho a volver a nuestras sanas y
católicas costumbres. Porque Eva sí que la tenía clara. ¡Y además
era la Biblia! Eva sí que sabía vivir bueno. La mujer más sabia de
todas. La más vividora fue indiscutiblemente la primera mujer. La
más mantenida. ¡Amén! Era tan buena vida que cuando Adán le

pidió que le cosiera algo para ponerse, se inventó un taparrabo en hoja de parra para ni siquiera tener que lavarlo.

Si todo funcionaba medianamente bien en el Paraíso, ¿para qué venir ahora a amargarnos la vida con tanto sobregiro y hasta el pago de un miserable masaje capilar? Está escrito en la Biblia que, devotas o no, este es el único ejemplo que religiosamente deberíamos seguir. El de Eva, mi nuevo ídolo, y el personaje histórico por el cual he venido sistemáticamente replanteando mi posición frente a la vida. Todo empezó así: Adán, aburrido y solitario en el jardín del Edén, se había cansado de conversar con las plantas, de echarle agua a las flores, de tratar de seducir al árbol de mango del huerto, de armar plan con la culebra que no le parecía ni remotamente atractiva por más que lo intentara, cuando cometió el gran error de su vida: pedirle a Dios una compañera. Dios seguramente le advirtió que debido a los altísimos aranceles, a la falta de efectividad del ALCA, a tanto trabajo que había tenido creando el mundo en tan sólo siete días, se había quedado lamentablemente sin materiales para confeccionarla.

Sin embargo, el todopoderoso le dijo que haría un experimento y trataría de sacarla de una de sus costillas. A Adán no le gustó mucho la idea, pero accedió ante la falta de otras posibilidades. Adán, por aquel entonces, se encontraba estresado, malhumorado, ansioso, alterado, turbado. De allí surge el término popularmente conocido como "masturbación". Si antes anduvo turbado por falta de mujer a su lado, imagínense cuando apareció Eva, quien rara vez se lo daba, a pesar de provocarlo todo el día caminando sin ropa a sus anchas por todo el Edén: ahí sí quedó Más- turbado.

A lo mejor, Dios se excedió un poco en su generosidad y le concedió el deseo de tener a su lado para el resto de la eternidad a una voluptuosa fémina de sinuosas curvas que, aunque no hablaba mucho, sí serviría para acompañarlo y de accesorio como todavía piensa la mayoría. Mejor andar del brazo de una curvilínea mujer que enredado con una culebra, ¿o no? Eva, mujer seductora, salió entonces de la costilla del primer colono o poblador, o sea Adán. Lo cual se constituye oficialmente en la primera cirugía estética con transplante de la que se tenga conocimiento. Sabiendo que ella era parte de sí mismo, Adán y todo su género se creen dueños y señores de Eva y toda su descendencia. De hecho, siempre lo ha sido: transplante o no, prestada o no, sigue siendo su costilla. Pero bueno, esos son detalles ínfimos que ni siquiera vienen al caso. Porque las cosas no son de quien las tiene, sino de quien las necesita. Y como él necesitaba a una mujer, ¿entonces de qué se queja?

El caso es que a Eva no sólo la hicieron perfecta, sino que genéticamente hablando le incorporaron una información que regiría a toda su descendencia: recostarse viene pues de costilla. ¡Y recostarse significa lo mismo que lo mantengan a uno! Eva, la primera mujer, nació predestinada para reinar como la Primera Mujer del Paraíso. Eva no aspiraba a ser la Primera Ministra, ni la Primera Dama de ninguna nación, ella simplemente quería ser la Primera Dama, la reina de un Paraíso en el que no tuviera que hacer nada distinto a respirar de vez en cuando. Y eso, cuando no estuviera muy ocupada seguramente haciendo Pilates o Yoga debajo de algún árbol cercano. No tenía que pensar mucho, no tenía que pagar nada, pues todo era absolutamente gratis y, encima de todo, no tenía que hacer nada.

La única responsabilidad de Eva era andar en bola todo el día bronceándose, porque ni ropa sucia tenía que lavar, pues ropa tampoco había. Todo era perfecto en ese entonces. Eva era tan inteligente que seducía al pobre Adán para que fuera él y no ella quien tuviera que enfrentar a las *culebras*. Y con toda la parranda de acreedores que hacían fila en el Paraíso para cobrar la afición (o más bien adicción) a las manzanas prohibidas del Edén que Eva tenía. Lo cual se constituye oficialmente en la primera cuenta de cobro de la que se tenga noticia. Además, se convirtió en el primer cheque chimbo, porque en el Paraíso no había bancos. Ha podido ser peor, pues Adán era tan poco hábil para los negocios que ni siquiera fue capaz de transar a la bendita culebra y pedir un sobregiro para que no nos desterraran del Paraíso (tal vez, por eso, y para que no se vuelva a repetir la nefasta historia, es que casi todas las gerentes de banco son mujeres). Pero lo pagó bien caro: no sólo lo desterraron del Paraíso, sino que lo obligaron a cargar con nosotras... ¡Y con nuestras deudas!

Eva tenía a Adán para que hiciera las vueltas jartas. Hoy día, en cambio, es a nosotras a quienes nos toca hacer la fila en el banco, fingir en el teléfono que somos *otras* para que no nos cobren a fin de mes las cuentas del agua, la luz y el teléfono, recoger a los niños en el colegio y llegar a tiempo para hacer el almuerzo. ¿Por qué si Eva nos enseñó que el simple hecho de existir y procrear ya es un privilegio, insistimos en darnos mala vida y suplantar a Adán en todos sus deberes? ¿Para qué quitarle las mismas responsabilidades hacia nosotras que Dios le dio y complicarnos la vida en el intento?

Sí, lo admito, Eva es mi ídolo personal, porque a ella le sobraba el tiempo para todo. Desayunaba y quedaba desocupada. En cambio yo, por desafiar los parámetros bíblicos, desayuno por ventanilla en el *Mac Donald's* más cercano y de afán porque siempre voy tarde para donde sea. A las mujeres modernas el tiempo nunca nos alcanza para nada. Me visto en el ascensor, me lavo los dientes en el carro y me peino mientras manejo, cuidándome eso sí de no terminar estampillada contra un poste de luz de camino al trabajo. Y, una playa para tener una buena excusa para broncearme, sólo la veo en fotos o una vez al año durante mis vacaciones, valga la pena aclarar, no remuneradas.

Por su parte Eva, que no pretendía ser tan perfecta como nosotras en la actualidad (de hecho, no le interesaba nada distinto a comer y dormir) cometió un grave error. Endeudó al pobre Adán hasta el cuello y, por eso, lo pagaron bien caro: fueron desterrados del fabuloso Paraíso. También dice la Biblia que los mandaron a un paraje menos exótico, pero no directamente al infierno en el que a veces se convierten las caóticas ciudades en las que muchas mujeres modernas vivimos. No, Dios los castigó enviándolos seguramente a un sitio menos arborizado, con un clima diferente, con estaciones para obligar a Eva a aprender a coser y así embarcarse en alguna actividad realmente útil como la modistería. Sí, el castigo para Eva fue tener que aprender a coser, a zurcir, a tejer, para no morirse del frío, a cargar con el resentido de Adán el que nunca le perdonó que por su culpa los hayan sacado del *resort* cinco estrellas en el que habitaban. Pero estoy segura que la intención de Dios al castigarlos realmente nunca fue acabar con la especie humana que tanto trabajo le costó crear a su imagen y semejanza.

¿Para qué iba Dios a mandar a sus pupilos a la gran ciudad permanentemente expuestos al *smog*, donde hay bancos, préstamos, deudas, con sobregiros y tasas de interés altísimas? Donde la especie humana se extingue rápidamente entre trancones, jefes insoportables y ventas al por mayor y al detal, donde la fe se agota en medio de tanta desilusión amorosa. Donde hay bares de mala muerte y discotecas de donde tenemos que sacarlos jinchos de la borrachera los fines de semana. ¿En qué nos metieron? No, Adán ha debido negociar mejor con esa culebra. A lo mejor ha debido mandar a Eva, pues muy seguramente habría utilizado bien sus recursos de persuasión con los que también nació dotada la primera mujer. ¿Quién lo manda a dejarse echar del Paraíso?

Entonces si eso dice la Biblia, ¿por qué cambiar el curso de la historia, de nuestra propia historia? Si es más que evidente que Eva la pasaba mucho, pero muchísimo mejor que nosotras. No entiendo a quién se le pudo ocurrir la idea de que tener responsabilidades propias es la verdadera libertad. Es, más bien, otro tipo de esclavitud, pero mejor disfrazada. ¿Que pagar cuentas es divertido? ¿Que dominar términos complicados como Codensa, ETB y E.P.M. era útil para algo? ¿A quién se le ocurrió eso? El mundo sería un lugar mejor para vivir si en vez de CADES hubiera más peluquerías, si en vez de supermercados hubiera más restaurantes franceses, si a cambio de trancones hubiera más cruceros por el Caribe, si en vez de tanto Ricostilla Micolor, hubiera más costillas de Adán, como lo dice la Biblia: para recostarnos a ellos. Yo no entiendo entonces cuál es todo este afán feminista de cambiar nuestros parámetros, declararnos autosuficientes y lidiar nosotras mismas con cuanta culebra se atraviese por nuestro paso. La vida sería mucho más fácil si leyéramos la Biblia, si fuéramos más religiosas… Si religiosamente aprendiéramos a fingir que no somos ni tan útiles a la sociedad, ni tan capaces, ¡ni mucho menos tan inteligentes!

CAPÍTULO 2

DE LOS JUGUETES MALOS Y OTROS DEMONIOS…

Pero si desde pequeñas nuestras propias madres nos enseñaron que hay
que tener mentalidad y voluntad de mucama para lograr subsistir
en pareja, ¿qué se puede esperar de nosotras cuando adultas?
¿Qué responsabilidad real tienen nuestras madres en nuestros
problemas de adultas? ¿Será por culpa de los juguetes? Lo que sí les
puedo garantizar es que si el Niño Dios fuera mujer, no habría tanta
niña traumatizada en el mundo. No ven que hasta al Niño Dios toca
pedírselo, o dárselo para que le traiga a uno ¡lo que le pidió!

¿QUIÉN NOS DAÑÓ LA CABEZA? No sé si fueron nuestras madres que ya venían con la cabeza dañada por las madres de ellas y así sucesivamente; el caso es que muy divinas y todo, pero nos llenaron la cabeza desde pequeñas con las ideas más aberradas y erróneas de cómo serían nuestras vidas. ¿Quiénes son los culpables de tanto regalo malo que no son más que malos ejemplos de lo que ellos quieren que hagamos, pero no de lo que nosotras realmente queremos y nos sentimos preparadas para hacer? Fueron, sin querer, nuestros propios padres, o tal vez los fabricantes de juguetes que como una especie de secta, se confabularon en contra de las mujeres para que desde pequeñas nos resignemos a nuestra suerte cuando seamos adultas: a ser unas mal pagas amas de casa. Porque es muy extraño que el hombre se haya resistido a evolucionar a nuestra par, que se resista a nuestros encantos y decida quedarse con las menos preparadas, pero sí con las mejor mandaditas. Con esas que, las mujeres modernas, hemos tildado en repetidas ocasiones como "modelo a no seguir".

¿Será entonces cierto aquello de que actualmente hay una sobrepoblación femenina en el mundo entero? Ellos se han creído el cuento de que para cada hombre hay siete mujeres desesperadas en el mundo. Corrección: de esas siete, por lo menos cinco somos profesionales y bajo ningún punto de vista queremos casarnos con alguien que piense así. En teoría, les quedarían dos. ¿Entonces qué es lo que tienen esas dos mujeres que sí logran bajar la guardia y establecerse cómodamente dentro de un hogar? Las que tienen hijos y alcanzan una felicidad moderada, o momentánea. Pero felicidad, al fin y al cabo. ¿Será ésta una secta de mujeres conformistas? ¿O acaso ellas sí saben cuál es el secreto para convivir sin competir?

Es así como la mujer preparada e inteligente, si quiere vivir algún día en pareja, deberá estudiar muy a fondo cuál es el problema. A pesar de la creciente intolerancia femenina, ¿cómo descubrir el secreto para gozar algún día de la tan ansiada estabilidad emocional, dadas las precarias circunstancias que nos rodean en estos tiempos modernos? Tal vez, el secreto radique en investigar más a fondo y remontarse hasta la época de nuestra infancia. Para nadie es un secreto que gran parte de la culpa de nuestros traumas juveniles, lo tienen los juguetes inútiles con los que nos encartaban cuando niñas. Juguetes que, bienintencionados o no, sólo sirven en la práctica para frustrarnos cuando adultas.

¿Por qué a las mujeres no nos regalan ni los carros supersónicos, ni el superhéroe con poderes intergalácticos, ni los juegos de computador, ni las pistolas de plástico, ni nada que nos invite siquiera a soñar con un futuro mejor? No, *esos* no son juguetes para niñas. Lo que no saben es que en secreto no sólo los deseamos, sino que los usamos a escondidas de nuestros padres, cuando nuestro hermanito menor se durmió o cuando el primo de nuestra mejor amiga se descuidó. Porque la internacionalmente reconocida envidia femenina proviene precisamente de allí: de desear el juguete ajeno. Pero no, de nada valía manifestar abiertamente las ganas que teníamos de intercambiar nuestra *Barbie* manicurista por el *He-Man* de ellos. Nosotras corríamos el riesgo que nos tildaran de marimachas, y ellos de *gay*. Para que años más tarde terminemos intercambiando con las dizque metrosexuales hasta nuestras cremas anti-arrugas.

¿Entonces para qué nos dan malos ejemplos a través de los juguetes? ¿Para qué enseñarnos que los hombres deben ser de una manera y las mujeres de otra muy distinta, si en los tiempos que estamos viviendo todo es bi… bilingüe, bilateral, bisexual? Ahora pienso que todo era un complot para someternos desde pequeñas, para engañarnos y que pensáramos que hacer oficio es divertidísimo. ¡Yupi! O dígame usted ¿para qué demonios nos sirve la licuadora esa de las bolitas de icopor saltarinas, o la aspiradora que hace ruuun, o el juego trapeador y escoba que barre de verdad? Para nada, para hacer bulto en la cocina. ¿Para qué gastan su plata en cosas inoficiosas que lo único que logran es amargarnos la existencia? Y, eso sí, que ni se les ocurra regalarnos juguetes altamente tecnológicos y computarizados.

La realidad es que el único juguete eléctrico o de baterías que aprendemos a usar y, eso, después de los treinta, ¡es un vibrador!

¿Qué tal esa manía que tienen las mamás de regalarnos cosas que para nada sirven en nuestras vidas reales de mujeres modernas? Nos regalan planchas de juguete, seguramente porque, basadas en su experiencia personal, saben que si de ellos depende, una lavandería no la veremos sino en fotos. Y nos regalan dizque ollitas y platos para jugar a la cocina cuando bien está visto que también por culpa de la genética ¡odiamos cocinar! Si la misma naturaleza femenina inevitablemente nos dictará que es mejor ir a un restaurante o pedir a domicilio que llenarse el pelo de grasa en una cocina.

Pero insisto: ¿para qué sirve la muñeca esa cabezona que viene con su *kit* completo de maquillaje y peinado? Para que aprendamos a hacerlo nosotras mismas porque una peluquería, cortesía del marido, no la veremos ni en pintura. Así que toca aprender desde pequeñas a arreglárnosla como podamos. ¿Ese es tal vez el mensaje? O que aprendamos a ser estilistas, que junto a modistas y manicuristas es para lo único para lo que ellos creen que servimos.

En cambio a ellos… a ellos sí que los premiaban con buenos regalos. El caso es que desde pequeñas, no sólo nos enseñan a añorar, a desear… también a sentir envidia. Porque los juguetes de ellos sí son mucho más divertidos que con los que nos encartan a nosotras. ¿Qué es lo que pretenden que aprendamos a través de los regalos que nos hacen cuando niñas? A ser unas mal pagas y subvaloradas amas de casa, o unas mamás frustradas. ¿Por qué creen que lo primero que le regalan a uno es una muñeca? Para que desde una temprana edad nos resignemos a que los bebés lloran, hacen popó y pipí, gastan pañales que da miedo, que entre otras son carísimos, y que son sólo nuestra responsabilidad. Porque mientras le hacemos al bebé la comida de mentiras, porque o si no hasta el bebé de mentiras se nos muere, ellos están en su carro supersónico recogiendo a la rubia platinada de medidas imposibles: ¡la Barbie! Y es así como a nosotras, en vez del superhéroe o del popular *G.I. Joe*, nos toca conformarnos con el más inútil y patético de todos los juguetes: ¡El *Ken*!

El *Ken*, ese Adonis de plástico de mirada fija y vacía (como también vacíos están sus bolsillos porque todo es de la *Barbie*, ¿no?), el muñecón de facciones perfectas que ni suda, ni se despeina. Con ese mal ejemplo crecemos las mujeres en el mundo pensando que ese es el modelo del hombre perfecto: un perfecto idiota. Y si esos son los ejemplos que nos dan a seguir cuando niñas, pues entonces, ¿qué se podría esperar de nosotras cuando adultas? Además, ¿cómo defraudar a la mamá y no seguir sus pasos? Si ellas empezaron embarrándola casándose con nuestros papás,

¿cómo les vamos a salir ahora defraudándolas consiguiéndonos, eso sí, un buen partido?

El caso es que el *Ken*, que en la vida de la *Barbie* sólo sirve para hacer visita en la sala rosada, de la casa rosada, llena de todas las demás *Barbies* vestidas pues de rosado, al que sólo lo invitan a su casa, de visita y eso que es el marido de la popular muñeca. ¿Ese es el ejemplo a seguir? ¿Eso es lo que quieren nuestras mamás para nuestro futuro: al hombre adorno que no sirve para nada? El *Ken*, tan mal dotado que uno le baja los pantalones y ¡ahí no pasa nada! Por eso, desde pequeñas nos acostumbramos a conformarnos con tan poquito. Por eso nos encanta que la *Barbie* le ponga los cuernos al *Ken* con todos los muñecos del baúl: con el Increíble *Hulk*, con el Cabeza de papa y con todo el pelotón de soldaditos de plástico. Tan mal dotado estará que la *Barbie* popularizó la inseminación artificial. Ante la ineficiencia procreadora de *Ken*, los bebés de la *Barbie* no se conciben, sospechosamente aparecen ya listos dentro de una cajita rosada en los supermercados. Aparte vienen en todos los colores y razas. ¡La *Barbie* es terrible!

Sí, el *Ken* no es más que un donante de esperma. Pero será cuando lo derritan, porque todo el mundo sabe que la *Barbie* siempre anda con otros. El *Ken* es tan patético, que ni siquiera salió en *Toy Story*. En donde, cabe agregar, salieron todos los juguetes. Al muy cretino le ganaron el *casting* un marrano alcancía, un dinosaurio y un perro salchicha. Además al *Ken* le cabe aquella canción de ese otro *Ken*, el original, el venezolano… el del peinado esponjado: el Puma. Ese ídolo en decadencia que cantaba: "¿Dueño de ti, dueño de qué? ¡Dueño de nada!" Sí, el *Ken* además es un vaciado, porque todo es de la *Barbie*.

La casa, el carro, la moto y la piscina son de la *Barbie*…

Y lo más humillante de todo: el bar y hasta el motel son de la *Barbie*. Pero ahí sí estoy de acuerdo: que todo sea de la *Barbie*, porque al final todo termina siendo de una. Por eso amo a ¡la *Barbie* divorciada!

Lo cierto es que la *Barbie* es la más hábil de todas las muñecas. Al menos la tiene clara. Es la más independiente y la mejor negociante de todas. Nuestro modelo a seguir y la culpable de gran parte de nuestras frustraciones. Sí, porque tener como modelo a una muñeca casi perfecta, que no sabe lo que es una cana, a pesar de que ya es oficialmente una cucha (de ahí el popular término "Cuchi-*Barbie*"), que no necesita de la plata del marido para nada, que tiene hijos y ni se le nota, y que además tiene para pagarse su propia silicona y todas sus cuentas. La *Barbie*, que no tiene un solo pelo de plástico de tonta, también es nuestro principal motivo de frustración latinoamericana.

Para evitar entonces que las mujeres del mundo crezcamos pensando que el esposo es un pelele sin gracia; para desde pequeñas aprender a respetar al marido, al propio o al menos al ajeno, sería más considerado que se inventaran una muñeca que sí nos ayude a prepararnos para el futuro y para nuestra verdadera realidad tercer in-mundista. Algo así como la *Barbie* Chibcha. Que se llame Yuris Johanna, Nini Paola, mejor dicho, que tenga un nombre más familiar. En fin que la *Barbie* latina, en vez de venir con piscina, helipuerto y salón de belleza propio, y vainas de esas que nunca vamos a tener, que venga más bien con sus propios artículos de aseo... pero no personal, sino para limpiar la casa. Que venga con su propio *Clorox*, con su propio *Ajax* y con un bulto bien grande de caldo de gallina. Que ande en chancletas y que tome *Prozac* para la depresión pre y post parto que seguramente le va a dar cuando se dé cuenta del encarte de marido que le tocó. Que en vez de poder maquillarla, venga con un *kit* completo para hacerse la cera y quitarse el bigote que eventualmente nos sale a todas, así unas nos depilemos con más frecuencia y pericia que otras.

Sí, que la nueva *Barbie* latina sea una pobre muñeca, pasada de peso y que trabaje en algo real como vendedora puerta a puerta de Ebel. Eso es más realista. Eso sí que es prepararnos para el futuro. Que venga con su propio accesorio, o sea su marido. Que en vez de la sonrisa tonta que no se le borra ni con ácido de batería (ya lo he probado), viva deprimida ante la infidelidad del John Wilmer Ken, la versión latina del novio de la *Barbie*. Y que en vez del carro convertible rosado se suba en colectivo, en Transmilenio o en carro, pero pagado por cuotas. Nada de la flota de carros rosados convertibles parqueados en la puerta. ¿A quién quieren engañar cuando aún pensamos que todos nuestros sueños infantiles sí son posibles? Y así, con una *Barbie* latina, podremos evitarnos toda esa frustración infantil por no ser altas, flacas, millonarias, súper populares y siliconudas.

Pero el *Ken*, ese sí, bajo ningún punto de vista puede ser el modelo de hombre que queremos en nuestras vidas. Tampoco recomendaría a las mamás regalar a sus hijas ningún tipo de Superhéroe. ¿Para qué?, si en la vida real lo que nos toca es otra cosa. Imagínense la tragedia que sería si el novio de la *Barbie* fuera algo así como el Hombre Araña, por ejemplo. ¿Para qué? Para que cuando crezcamos, nos toque cortarnos las venas, pues la ilusión del hombre arácnido se resume a un trepador que lo único que hace es pegarse como un chicle y escalar posiciones a costa nuestra. No gracias. Y esa es la cruel realidad. O qué tal Supermán, uno que vuele. ¿Para qué? ¿Para qué soñar con tanto si en la vida real lo que nos toca es uno que vuela, sí, pero a los brazos de la otra? O *Batman* y *Robin*, el dúo dinámico para que aprendamos a admirarlos desde pequeñas. Para que en la vida real nos toque conformarnos con *Barman y Robin*, un par de borrachos que, entre otras son ¡re-gay! Admitámoslo señoras, en la vida real, los únicos héroes que nos tocan son: *Flash*… pero Gordo, o el más popular de todos: el Hombre Invisible. Ese que nos rumbeó y se desapareció de nuestras vidas sin dejar rastro.

CAPÍTULO 3

LOS CABALLEROS LAS PREFIEREN BRUTAS

¿Qué tan brutas nos necesitan? ¿Qué tan brutas somos en realidad?
¿Qué tan brutas estamos dispuestas a fingir que somos?
¿Vale la pena hacerse las brutas?

L A PRIMERA PREGUNTA DIRECTA Y SIN ANESTESIA que debe hacerse al leer este libro es: ¿qué quiere para usted en esta vida y cómo tiene proyectado lo que le resta de vida para ser realmente feliz? Nadie le puede garantizar a uno que todo lo que soñó alguna vez se le va a convertir en realidad. O que por mucho esfuerzo que haga, todo lo que aspire a conseguir se le vaya a dar como por arte de magia con sólo desearlo. No, la vida es otra cosa y existen factores determinantes como la química, la habilidad, la suerte, la paciencia, las oportunidades, que no siempre se presentan cuando uno las necesita, sino literalmente cuando se les da la gana. En fin, otro factor determinante es esa bendita manía que tenemos los seres humanos de perder el interés por algo, justo en el momento en que logramos lo que siempre hemos deseado. Tal vez por esa razón cada vez son menos las mujeres en el mundo que se casan y muchas las que, a pesar de trabajar, nos quejamos por no haberlo hecho.

No nos digamos mentiras, si uno no sabe lo que busca lo más seguro es que nunca lo encuentre. O que eso que tanto necesita pero que aún no ha definido qué es, le pase por enfrente de las narices y por no poder identificarlo a tiempo, se le escape. ¿Nunca le ha pasado, por ejemplo, que se le pierde algo y, al solicitar ayuda para encontrarlo, lo primero que le preguntan es "¿cómo es, qué forma y color tiene?"? Pues las mismas preguntas podrían aplicarse en el aspecto profesional y, por supuesto, en el sentimental. Y ojo que la pregunta no es cuál sino cómo. ¿Cómo es su trabajo ideal? Es decir, ¿qué requisitos debería tener ese oficio para que usted pueda ser feliz haciendo lo que hace para vivir? Si, por el contrario, usted insiste en saltarse los pasos y se va directamente al grano y se pregunta "¿cuál es su trabajo ideal?", no es que no lo pueda conseguir, es que el camino suele ser más largo, tortuoso y, en algunos casos, frustrante.

Pues la misma regla se aplica para conseguir la tan anhelada estabilidad emocional. Sí, esa misma de la que casadas, solteras, divorciadas, rejuntadas o viudas, hablamos en todas las reuniones. La pregunta, pues, para su salud mental, y la de los demás, no puede ser entonces: "¿Cuál es su hombre ideal?". Pues en algunos casos, también, ese prospecto de pareja con el que usted sueña o ya está comprometido o no es de su tipo. Recuerde que siempre es más fácil encontrar pareja cuando ya se tiene una y que los buenos partidos casi nunca están libres. Y si lo están, a lo mejor no eran tan buenos partidos como pensábamos. Que uno siempre se levanta es al que a uno no le gusta, y quien siempre nos ha gustado, sólo quedará libre justo en el momento en que ya nos conformamos con el que tenemos.

O también suele ocurrir que se dé cuenta en el camino de que la atracción, aunque es un buen indicio, un excelente primer paso, sobre todo si es mutua y correspondida, no garantiza empatía física ni sicológica. Porque lo que nos atrae de un hombre raramente es lo mismo que nos ata a él. Es decir, los mismos atributos con los que nos enamoran, son exactamente las mismas razones por las que, algún tiempo después, ya no podemos ni queremos soportarlos. Entonces, para no seguir metiendo la pata, pregúntese: "¿Qué le gustaría de una relación en pareja?". Hágase esa pregunta no sin antes recordar que si empieza creyendo que una relación no puede funcionar y aún así se siente tentada a intentarlo, lo más seguro es que no funcione.

Como con las rosas: ¿quiere un amor amarillo basado en la amistad? ¿Uno rojo, tal vez, teñido de sola pasión? ¿Un amor rosado, fundado en la ternura y en los sentimientos bonitos?

¿Qué tipo de amor quiere y necesita?

Entonces por qué esa ridícula manía de pretender cambiarlos en el camino. Señora, no insista, que el defecto seguramente es de fábrica. Más bien intente conseguirse algo ya hecho y prefabricado (preferiblemente calibrado previamente con otras) que se ajuste más a su medida. Aunque eso sí, también es sano admitir que muy pocas cosas en la vida llegan a la medida. Pero si definitivamente detesta el trago, entonces por qué para conquistarlo lo acompaña de farra y hasta se embriaga con él. Para qué finge complicidad, le celebra la borrachera y al día siguiente le consiente el guayabo potrero (lleno de lagunas y cagadas) con caldito de pollo y una sobredosis de aspirinas. Es decir, para qué sale con un borracho si ya sabe que lo que le gusta es un abstemio. Las personas nunca cambian, sólo se amoldan a circunstancias y a situaciones por convicción, por conveniencia, pero no nos digamos mentiras: no cambian. No pierda más su tiempo, ni se lo haga perder a los demás, contestándose una sola y elemental pregunta: "¿Qué quiere?".

Con base en las experiencias, podemos saber lo que no queremos, lo que definitivamente no nos sirve para nuestras vidas. Pero las mujeres, casadas o no, modernas o no, frecuentemente, todas por igual pecamos por masoquistas. Por ejemplo, si ya sufrió y lloró a mares porque su anterior pareja no era detallista con usted, entonces para qué demonios insiste en una relación sentimental con otro del mismo corte: un témpano de hielo viviente, al que hay que recordarle hasta la fecha de su propio cumpleaños. Si ya probó suerte con uno que le puso los cuernos hasta con su propia hermana, ¿qué hace usted saliendo con ese playboy de vereda que se consiguió el fin de semana en un bar? Así como se es joven una sola vez, se puede seguir siendo inmaduro toda la vida.

Saber lo que no queremos, realmente no es tan difícil. En cambio, averiguar qué queremos realmente sí que lo es.

En la búsqueda por encontrar esas respuestas, hay un factor que no podemos desconocer. Uno, que en estos tiempos modernos se ha vuelto tan importante como el sentimental: el económico. Por igual, si está sola o acompañada, se duerme más tranquila sabiendo que mañana tendrá qué comer. Con quién comerlo es otra cosa que, en ocasiones, incluso tendemos a posponer hasta tener definido lo primero: "¿De qué voy a vivir?". Así el primer pensamiento que le asalte en el día sea "quiero un mejor trabajo, un hombre que me ame, un hijo, un carro nuevo"; hay dos formas básicas de llevar la vida: cómoda o incómodamente. Es decir, mantenidas o asalariadas.

Una vez lo haya aclarado en su mente y en su corazón, si lo que quiere es lo primero, deberá hacer una serie de esfuerzos y hasta aprender a actuar si es necesario. En cambio, si ha escogido lo segundo, es decir, una vida de mujer independiente, que toma sus propias decisiones (a la vez que paga sus propias cuentas, se manda sus propios ramos de flores en ocasiones especiales, se costea sus vacaciones que comparte generalmente sola), que maneja a su antojo el bendito control remoto de su televisión sin que ello sea motivo de discusión con su pareja o causal de divorcio, entonces no le conviene seguir leyendo este libro. Podría cambiar radicalmente su punto de vista, pero, en serio, pregúntese qué quiere.

Antes de animarme a escribir la primera letra de este libro, fueron muchas las reuniones de mujeres solteras y aparentemente pro feministas a las que asistí. En ellas siempre había la misma constante: la frustración a pesar del éxito. Entonces, realmente, ¿qué tan feministas son estas mujeres exitosas, de armas tomar, lanzadas, atrevidas, pujantes, con trabajos bien remunerados y prestigiosos ascensos a la vista? Una tarde a la semana, durante muchos años, nos reunimos a hablar de nuestros logros profesionales pero también de nuestros fracasos sentimentales. Alguna vez, en medio de una de estas reuniones surgió la pregunta: ¿será que el éxito profesional es inversamente proporcional a la estabilidad emocional?

Conozco casos respetables de mujeres que han decidido dedicar sus vidas a su profesión; a no tener hijos por falta de tiempo y de interés; a no casarse por no entrar a competir en la batalla de los sexos, también en casa; a no vislumbrar una vida en pareja por haber priorizado a tiempo que les producen más alegría sus logros profesionales que sus conquistas sentimentales. Pero esas mujeres que ya lo tienen claro no se quejan, enfrentan sus decisiones con valentía y orgullo.

Hablo más bien de las mujeres que no han entendido bien el feminismo, las que han adoptado una falsa postura feminista y no se conforman con lo que tienen, a pesar de haberlo escogido por sí mismas. Las que quieren trabajar, ser exitosas y al mismo tiempo se quejan de que allá afuera no hay hombres que valgan la pe-na. Las que quieren ser modernas sin tener que sacrificar ninguno de los beneficios de los que históricamente hemos disfrutado las mujeres, simplemente por haber nacido, precisamente, mujeres. Y todo, gracias a algún chistoso que le dio por catalogarnos como el *sexo débil*, haciéndonos un gran favor del que muchas se han sabido aprovechar a lo largo de la historia. Otras en cambio no, y de hecho se sienten ofendidas por el mismo.

Me refiero a la mujer moderna que se queja todo el día de la falta de colaboración y consideración masculina, a pesar de haber elegido su profesión muy por encima de sus sentimientos. Hablo de la mujer que se casa porque le toca y, sobre todo, se queja del marido que ella misma escogió para no quedarse para vestir santos. Hablo también de la que nunca se casa porque aparentemente ningún hombre le da la talla. La que a pesar de que gana más que él, pone las reglas en la casa, tiene poco tiempo como él para criar a los hijos y, aún así, se queja de que él sale con otra. Por eso repito: ¿qué quiere?

Este libro podría ayudarle a aclarar sus ideas y a encontrar la forma de tener lo que quiere y algo más, pero para lograrlo deberá descifrar los códigos para no fracasar en el intento.

Después de mis innumerables desastres sentimentales por no saber lo que quería, y luego de mi vasta y basta experiencia en el asunto, créanme que no vale la pena desgastarse retando a la pareja. Ya fueron muchas las despedidas con portazo al final, muchos los intentos fallidos de reconciliación luego de una pelea en la que nos dijimos hasta de lo que nos íbamos a morir. Ya fueron muchas las promesas rotas, las *segundas, terceras y hasta cuartas oportunidades,* cuando bastaba solo una para darse cuenta de que por ahí no era la cosa. Mi recomendación, entonces, es adquirir la habilidad de fingir que a veces perdemos la batalla antes de que él pierda su interés en nosotras.

Uno puede trabajar casi toda la vida, ganarse reconocimientos profesionales y hasta ascensos laborales, pero si en casa ellos perciben en usted una competencia, nada volverá a ser como antes. Ni ellos volverán a vernos como la dulce mujer con la que se casaron (muy posiblemente engañados con que no matábamos ni una mosca en ese entonces) y nosotras nunca lograremos nuestro objetivo principal en esta vida: que nos mantengan. Una mujer moderna debe ser suficientemente inteligente para doblegar su orgullo femenino y hacerse la bruta si es necesario para así ganar la batalla.

¿Suena difícil? Lo es. Sobre todo después de largas luchas históricas que poco a poco hemos ido ganando para poder competirles de tú a tú y lograr por fin una igualdad de condiciones. Se siente un poco como perder terreno, para qué negarlo, pero visto desde otra óptica, realmente es ganar el terreno que hemos ido perdiendo en el aspecto personal. En otras palabras, es fingir que uno pierde para volver a ganarlo todo. Es convertirnos en mujeres profesionales, capaces, valientes y no sacrificar nada de lo que hemos logrado a través de la historia pero amoldándolo a nuestra propia conveniencia. Que ganemos dinero, sí, pero para nosotras, no para seguir manteniendo la casa que al final uno termina pagando porque a él no le alcanza para pagar dos hogares: el que comparte con uno y el que comparte con la otra.

No me atrevo a generalizar, pero nos hemos vuelto tan insoportablemente independientes que ellos terminan pensando que no los necesitamos para nada. En cambio, la otra, esa mujer brillante aparentemente de pocos sesos y de muchas curvas, juega a la perfección su papel de mujer desvalida. Y sintiéndose todos unos machos proveedores, prefieren mantener a la otra y así justificar su existencia. Recordemos que lo que no nos cuesta, no lo valoramos. Consejo de mi padre que en paz descanse.

Lo que propongo es dar otro matiz al concepto feminista de la igualdad de derechos. Sugiero una nueva corriente del feminismo que bien podría denominarse: *machismo por conveniencia*. Una actitud más práctica, arribista, solapada y morronga (para qué negarlo), que se ajuste más a nuestra realidad de querer vivir en pareja.

Si, por el contrario, usted insiste en que es una mujer de mundo, competente, capaz y, ni Dios lo quiera, tan exitosa que incluso gana más que él, lo único que logrará es que repentinamente olviden todos esos detalles cursis que, admitámoslo, feministas o no, a todas nos encantan: las rosas, las tarjetas Timoteo, la carta perfumada, las serenatas con mariachi trasnochado, las consideraciones, las palabras cariñosas; los gestos románticos como abrirnos la puerta del carro o ayudarnos a poner el abrigo así una misma pueda ponérselo más rápido y mejor que con su ayuda. Pase lo que pase, nunca debemos quitarles esa responsabilidad. No es aconsejable, desde ningún punto de vista, quitarles la ilusión de que son ellos los que están con el control, que son los más útiles, los más inteligentes, los más capaces, los más...

Por alguna razón que desconozco, aunque ahora tengo una mejor idea de su posible origen, si su intención en la vida es conformar algún día un hogar, el éxito femenino, en la mayoría de los casos, no compagina con la tan anhelada estabilidad emocional. Es decir, si para nuestra desgracia llegamos a ser realmente tan buenas en lo que hacemos que comienza a consumir nuestra energía, nuestro tiempo y el de nuestra pareja, el trabajo nos sumirá inevitablemente en la soledad y en la intolerancia masculina. Súmese puntos negativos si encima de todo es de las que abiertamente manifiestan una recién adoptada y falsa actitud feminista, no porque lo sienta, sino porque lo leyó en la última *Cosmopolitan*. Eso se nota. Nunca ha votado en su vida, pero sí quiere botar al marido porque no le quiso comprar esos zapatos de los que se antojó el día anterior. No, por favor respeto al gremio, señoras, ¿qué clase de actitud feminista es esa? No tiene ni idea de cómo fue que se ganó la batalla por legalizar los métodos anticonceptivos y, sin embargo, se queja de que tiene un retraso y que él no le quiere responder. Si así sigue pensando, el feminismo, señora, no se ajustará nunca a su medida ni a sus necesidades. La buena noticia es que para las que no están aún convencidas de ser feministas acérrimas o de lo que ello implica o significa, pero les interesan los beneficios que ser una mujer moderna conlleva, esta nueva corriente denominada *machismo por conveniencia* podría serle de gran utilidad.

Empecemos por admitir nuestros errores. Lo que nos gusta del feminismo es la libertad de escoger, de decidir, de hacer lo que consideremos correcto sin tener que doblegarnos ante ellos, sin tener que pedir permiso siquiera. Sin desconocer lo que el feminismo ha logrado para las mujeres del mundo a lo largo de su historia, lo cierto es que aunque nos gustan las nuevas opciones de las que disfrutamos, sigue faltando el centavo para el peso. Todos los extremos son malos y una vida profesional al extremo, un feminismo distorsionado, asumido con venganza, nos resta la posibilidad de realizarnos también como mujeres, como esposas, como madres.

Y es que dejarse llevar también tiene su encanto. Y si encima de todo tenemos suerte y encontramos esa pareja ideal que no sólo nos deje caminar (aunque sea varios pasos atrás), sino a su lado, mucho mejor; y además no se siente intimidado por nuestros logros sino más bien orgulloso de tenernos cerca, ahí realmente podemos decir que somos felices. No conozco entre mis amigas, todas ellas de mundo, pero más que nada exitosas y muy inteligentes, a ninguna que se conforme sólo con ocupar los importantes puestos que tienen. Todas ellas han admitido en algún momento que no se sienten bien cuando regresan a sus casas vacías y no han podido realizarse como mujeres, esposas y madres. Por una sencilla razón: ¡alguien tiene que ceder!

¿Pero por qué tendríamos que ceder nosotras y no ellos? Así digan lo contrario, somos, mentalmente hablando, el sexo más fuerte. Tal vez somos más complejas e inteligentes que ellos, tanto que no tenemos que desplegar nuestras armas secretas para ganar la batalla. Ellos, en cambio, sí.

Lo que les pido, señoras, a las que ya entendieron el motivo de este libro, a las que no se conforman con ganar bien, sino que además le quieren apostar a vivir bien, es decir, a conformar una pareja sólida, durable y estable, no es que sacrifiquen sus sueños de grandeza profesional, o que aprendan a ser sumisas o brutas…, es que aprendan más bien a fingirlo, que es muy diferente. Sí, porque lo que ellos no saben es que ninguna mujer es realmente bruta, es que nos *hacemos* las brutas, que es muy distinto. Una mujer verdaderamente inteligente quiere lo mejor de ambas corrientes y sabe cómo conseguirlo. Quiere los beneficios del feminismo pero sin sacrificar aquellos que históricamente hablando nos ha procurado el machismo. Porque no todo era malo.

Luego de recopilar cientos de testimonios como soporte a mi investigación sobre el tema, aparte de mi fallida experiencia personal, he descubierto cómo algunas manipulan al marido o al novio sin levantar la voz, y haciéndose las idiotas logran maravillas.

Y todos contentos. La que no se sienta capaz de doblegarse en su orgullo, a la que le importe cinco conservar su pareja o no, la que ya decidió que en esta vida quiere andar en su propia ley, ni lo intente siquiera, pues la experiencia podría resultarle frustrante.

Para aquellas que ya han probado ser independientes y no se explican por qué en vez de aportar, seducir, encantar y hasta generar la admiración y el respeto de su pareja, lo que logran es ahuyentarla, a lo mejor estos consejos le serán de gran ayuda. Para aquellas que se quejan de la falta de pareja, para las que ya no le ven la gracia a andar solitarias por la vida, exitosas y llenas de triunfos pero cada vez más solas, por muy absurdo que suene, este libro podría serles de gran utilidad. Porque, créanme, uno la podría pasar mejor sin sacar a relucir su actitud feminista radical. Algunas se han creído mal el cuento y han confundido liberación con libertinaje, franqueza con falta de respeto y han cometido el error más garrafal de sus vidas.

¿Para qué quieren vivir entonces en pareja? Que no se casen, que no se amarguen la vida ni se la amarguen a los demás, que sigan solas si es lo que quieren, pero que no se quejen tanto. Y, por Dios, que no le sigan dañando el caminado a las demás que sí quieren casarse, tener hijos y llevar una vida medianamente normal en pareja. El feminismo empezó como una solución a nuestros problemas, ¡no como el problema!

El feminismo nunca tuvo como objetivo principal desatar una batalla de los sexos. Su intención fue lograr una igualdad de derechos y condiciones de las que todas, sometidas o no, de alguna forma u otra nos hemos beneficiado. El feminismo mal asumido es nocivo para la salud porque sus efectos secundarios incluyen depresión, intolerancia, soledad, sed de venganza, amargura, frustración, rabia, tristeza.

Sépase, además, que si su meta es permanecer mantenida, quiero decir, casada, el falso feminismo no le va a servir para nada.

Porque al marido no le gusta que lo reten. Y un marido, bien administrado, no sólo sirve para traer la comida a la casa. Sirve para conversar, para hacerle compañía, para darle consejos, para consentirla, para traerle regalos, para hacer el amor, para leer juntos el periódico, para levantarle el ánimo cuando lo tenga caído, para abrazarla y hacerla sentir protegida, femenina, deseada, valorada y, por supuesto, amada. Por ende, al marido lo que le gusta es que uno finja que es él quien manda en la casa. Al marido le gusta enredarse a veces con la empleada del servicio porque ésta a su vez finge que no piensa, que es sumisa, bien mandadita y que no exige mucho. Y eso, en comparación con la fiera que tiene en la casa que hasta para hacer el amor pone condiciones y reglas absurdas, de repente le podría parecer muy atractivo enredarse con el servicio. Al marido le gusta la secretaria porque en la oficina el jefe sigue siendo él. O cuando tiene un jefe por encima de él, lo que quiere es llegar a la casa y dárselas de que al menos manda en alguna parte. DÉJELO. Déjelo conservar su ilusión. Piense que en casa siempre es mejor un iluso que un resentido.

Ojo que para el éxito de esta misión lo que propongo no es cualquier tarea. No, señoras, es un sacrificio de humildad que denota grandeza. Una estrategia en la que le tocará poner a prueba toda su pericia, su dominio, su autocontrol y su astucia. Una que requerirá altas dosis de talento y, ni qué decir, de paciencia. Es abstenerse, de vez en cuando, de lanzarle a su pareja un florero en la cabeza, y, en cambio, hacerse la de la vista gorda. Es hacerle creer que tiene la razón y no contestar con tres piedras en la mano, a menos que la ofensa lo merezca. Señoras, no se equivoquen con lo que les voy a decir y a remarcar: no es que su pareja la prefiera bruta, es que le tocará fingir que lo es para que no se sienta intimidado por usted. Para que su pareja no se sienta retada y, por puro y físico orgullo machista malherido, termine haciendo exactamente lo contrario que usted necesita que haga: mantenerla.

Por qué si podemos escoger el hombre que nos acompañe en la vida, y todos joden por igual, ¿para qué apostarle a un arrancado? Si le llama la atención la idea de vivir cómodamente, como yo recientemente he venido constatándolo, he aquí algunos ejemplos de estrategias y situaciones en donde, bien aplicadas y administradas, podrá disfrutar próximamente de este gran descubrimiento científico, psicológico y, más que nada, ¡económico!

CAPÍTULO 4

¿CÓMO FINGIR QUE SOMOS BRUTAS Y NO DIVORCIARNOS EN EL INTENTO?

Al parecer, para subsistir en pareja lo importante no es ser sino aparentar. El secreto del éxito en las relaciones de pareja es indiscutiblemente la sinceridad. Cuando aprenda a fingirla sentirá que lo ha conseguido.

SIN EMBARGO, PARA PODER SALIRSE CON LA SUYA, sin tener que pelear, separarse y, ni Dios lo quiera, divorciarse de ese hombre que tanto trabajo y esfuerzo le costó pescar, el secreto está en aplicar algunos trucos que, aunque nos parezcan absurdos, funcionan. Es decir, en recordar que, si quiere triunfar y ganarle la partida a su cónyuge, nunca deberá permitir que se entere que usted tiene habilidades especiales para hacer alguna cosa. Cualquier cosa, a menos que quiera repetir el aburrido plan de hacerlo una y otra vez.

UNA BRUTA EN LA COCINA

"Se le quema hasta un té. El tinto le queda como brea para pavimentar, pero la amo". Carlos Andrés, casado hace 15 años con la misma.

Ellos juran que nos gusta cocinar. De hecho, que nuestro gusto por los condimentos, los trapos y las ollas es genético. Que untadas de grasa y oliendo a cebolla machacada es cuando realmente nos sentimos útiles a la sociedad. Que rodeadas de sartenes, verduras y caldos Maggi, realmente logramos justificar nuestra existencia y nos sentimos ¡las verdaderas reinas del hogar! ¿Lavar platos? ¡Planzazo! Erróneamente convencidos, como lo han estado históricamente, de que nuestro único talento en esta vida es cocinarles, algunas de nosotras secretamente nos hemos rebelado al punto de ofrecernos sí a cocinar pero para quemarles la comida… a propósito. Todo con el fin garantizado, además, de obtener de ellos *ciertos* beneficios. ¿Por qué no nos conviene desplegar ante ellos nuestras habilidades culinarias? Porque no es que no sirvamos ni para cocinar, es que hay que hacerse las que en la cocina sólo sabemos hacer hielo, las que hasta un té se nos quema, para:

–Que no nos lo pidan más… que cocinemos, quiero decir.

–Que, doblegando su orgullo machista, logremos por fin que de ellos salga la "idea" de contratar ayuda. Si la que, por el contrario, exige y pide a gritos una empleada del servicio es usted, olvídelo.

–Que, por pura y física vergüenza con su jefe, deje de inventar esas aburridas cenas de negocios en casa, y empiece más bien a llevarla a restaurantes. Como cuando eran novios. Súmese puntos positivos si, aparte de fingir que no sabe ni colar un tinto, se ofrece a cocinarles a sus compañeros de oficina y para rematar le sale disfrazada de Cenicienta. Logrará conmover hasta al más machista de los jefes y seguro le comprará ropita para la próxima.

–Que la crea bruta, pero con buena disposición. Deje caer una lágrima sobre la cena calcinada y prometa que la próxima vez hará un mejor esfuerzo. Puntos para usted, especialmente antes de alguna fecha importante.

–Poder engordarlo a su antojo. Así, secretamente domine tanto el tema de la culinaria que sepa hasta preparar estofado de búfalo gris, insista en que está aprendiendo. Pídale que le tenga paciencia. Así la comida que le sirva sea horrible, a propósito, al menos valorará su esfuerzo. Entonces podrá aprovechar para engordarlo como un marrano y que nunca se lo vuelvan ni a mirar. Es decir, para evitar así que nos deje por otra.

-Para poder envenenarlo si todo lo anterior falla.

UNA BRUTA EN EL CLÓSET

No tiene que esperar a que sea Halloween para disfrazarlo. Como decía la Guarachera de Cuba: "La vida es un carnaval".

A ellos les encanta que uno los consienta y, como niños chiquitos, muchos de ellos confunden a la esposa con la mamá. Y como la mamá era la que les sacaba todas las mañanas la ropita… pues ofrézcase usted también a hacerlo. Y no es precisamente porque tengamos complejo de diseñadora de modas, porque nos guste planchar o porque combinar ropa sea la actividad más relajante y (si contamos con suerte) tal vez la única del día, porque seamos la mata de la consideración y nos muramos de las ganas de ayudarlos a combinar colores y estilos que, entre otras, no es propiamente la especialidad de casi ningún espécimen masculino. No, el caso es que hay que fingir buena voluntad y disposición pero por conveniencia. ¿Por qué necesariamente nos conviene hacernos las daltónicas, las que de moda sabemos lo que ellos saben de punto de cruz, quemarles la ropa y fingir que somos pésimas amas de casa? Pues para:

-Que no vuelvan a pedírnoslo. Que planchemos o les saquemos la ropa, quiero decir.

-Mandarlo a la oficina disfrazado como una guacamaya, con medias de diferente color y todo, y así no se les vuelva a ocurrir pedirnos que le saquemos la ropa justo cuando estamos concentradísimas oyendo a Julito en la mañana.

–Que, especialmente la secretaria más coqueta de su empresa, piense que su marido, por iniciativa propia, se viste como un payaso y que, su novio, el portero del edificio, es incluso más elegante que él y así desista de la idea de quitárselo.

–Que al quemarle la ropa, cambie su anticuado vestuario y de paso no le quede más alternativa que renovarle el suyo también.

–Que de su cabeza y no de la nuestra, salga la genial "idea" de abrir una cuenta en la lavandería de la esquina que, además hace domicilios, para que no le vaya a tocar salir y perderse la telenovela de las doce.

–Que su mamá diga que usted es un desastre y él, por llevarle la contraria, la defienda de la muy bruja.

–Que, por su imagen descuidada, nunca le den el tan anhelado ascenso y así pase más tiempo en la casa. Así sea lamentándose de su desgracia.

–Reírnos un rato.

UNA BRUTA CON COMPLEJO DE MASAJISTA

No hay nada peor que una bruta con iniciativa. Eso es casi igual a soltar a un loco con una tijera en pleno centro de la ciudad.

¿O, por qué creen ustedes, las novatas aún en el tema, que nos conviene esperarlos, luego de un duro y largo día de trabajo, sospechosamente amables y dispuestas a hacerles masajitos en el cuello mientras los torturamos en el intento? Pues para:

–Pedirles algo, generalmente muy costoso.

–Aprovechar y darles una mala noticia que generalmente tiene que ver con su tarjeta de crédito.

–Que al constatar que somos pésimas masajistas, que más sensibilidad, delicadeza y destreza tiene un ladrillo, no nos vuelvan a pedir jamás que les hagamos masajitos en el cuello.

-Para que de su cabeza salga la idea de ir a un *spa* a relajarse y de paso le toque llevarnos.

-Que no se lo haga la empleada del servicio o la secretaria y se amañen.

-Que les toque dormir con tortícolis crónica toda la noche y no puedan cambiarnos el canal donde están dando la telenovela que nos gusta.

-Para que le cuenten a su mamá que al menos lo intentamos, y generar así un poco de simpatía con la suegra.

-Poder ahorcarlos.

UNA BRUTA PARA LOS DEPORTES

Nada que les saque más la piedra que gritar canasta cuando lo que está viendo es fútbol. Que en vez de la jugada, haga comentarios sobre los jugadores y su buen "estado físico". Nada peor que una bruta entusiasta. ¿Para qué nos conviene hacerlo? Pues, ¡por deporte!

¿Acompañarlos a ver deportes por la tele o en vivo? No existe un plan más aburrido en la vida para la mayoría de nosotras. Sin embargo, nos conviene fingir que nos gustan los deportes especialmente los domingos, que si el plan es en casa, hasta les traemos la cerveza de la nevera y les ayudamos a sintonizar el canal, así no tengamos ni idea de cuál es la diferencia entre un balón de fútbol y una pelota de tenis. ¿Para qué? Pues para:

-Hacer mil preguntas y equivocarnos, a propósito, sobre el deporte que estamos viendo para que jamás se les ocurra dañarnos otro domingo de pijama y servicio a domicilio. Nada que le dé más rabia que una bruta entusiasta: esa que grita ¡canasta!, así lo que esté viendo sea fútbol.

-Que el plan lo vaya a hacer a la casa de los amigos y así usted pueda quedarse en casa todo el día durmiendo como cuando era soltera. Además, que vaya a hacer desorden a otra parte y ni de peligro le vaya a tocar a usted recoger las latas de cervezas vacías de él y de todos sus amigotes.

–Nada mejor que la cara de amargura que ponen cada vez que, en medio de una buena jugada, hacemos algún comentario idiota sobre el "buen estado físico" de su jugador favorito.

–Que cada vez que fingimos no querer ir a la cocina a traerle una cerveza por no perdernos una jugada, recuerde que si nos hubiera contratado a una empleada del servicio, las cosas serían tan distintas.

–Poder torturarlos sicológicamente con que están gordos, fofos y que ya no nos inspiran ni un mal pensamiento. Como en cambio sí nos lo inspiran todos los jugadores del partido.

–Está comprobado que es menos peligroso una bruta en un gimnasio que practicando cualquier deporte. Les sale más barato pagarnos el gimnasio que el ingreso en la sala de emergencias de una clínica o una liposucción. Déjelo que él decida.

–Sugerencia: después del partido de fútbol, sígale la corriente y finja mucho entusiasmo deportivo. Póngalo a ver la final de tenis femenino, preferiblemente entre la Kournikova y cualquier otra rubia despampanante para recordarle que necesitará ir pronto a la peluquería a teñirse el pelo. O un partido de *volley* playa entre mujeres para que vea piernas bien torneadas, brazos musculosos y bronceados espectaculares. Ahí sí, finja sumisión y tráigale una cerveza bien fría mientras le "sugiere" unas vacaciones en la playa y lo bien que le sentaría un gimnasio para estar como ellas. ¡Póngale también el tema de la lipo de una!

UNA WWW.BRUTA.COM

Como ahora todo tiene que ver con la bendita tecnología, esa misma que nos es esquiva a la mayoría de las mujeres, ¿cómo hacer para sacarle

provecho a nuestra incapacidad? Empiece por dominar la terminología.
Por ejemplo, para estar a tono con ellos, la próxima vez que a él no
le provoque hacer el amor, pregúntele inocentemente: "¿Se te cayó el
sistema?". Ahí sí váyase al www.c y reniegue en privado del muy http.

¿Por qué será que nos conviene fingir que nos atropella la tecnología, que supuestamente no sabemos ni prender un computador y el celular siempre se nos descarga y se nos quema hasta el secador de pelo? Pues para:

–Que les salga más barato pagarnos la peluquería que comprarnos un secador nuevo cada semana.

–Poderle revisar a nuestras anchas los mensajes en su *e-mail* sin que sospeche siquiera que nos sabemos de memoria su clave.

–Tener siempre la excusa de que no le contestamos el celular porque no lo hemos aprendido a usar y así aprovechar hasta para tener mozo.

–Que no se les ocurra pedirnos que les hagamos una llamada porque están ocupados. Nosotras posiblemente también lo estemos: haciéndonos las uñas.

–Que se confíen tanto en nuestra torpeza tecnológica, que dejen el celular a la vista y podamos revisarles sus mensajes y los números telefónicos de su directorio que nos parezcan sospechosos.

–Que cuando les llegue una cuenta astronómica de internet por chatear todos los días con nuestro enamorado virtual en Checoslovaquia, regañen a la empleada del servicio a quien creen tecnológicamente más capaz que nosotras.

–Que la secretaria, a quien sobornamos mes tras mes para que nos pase información y chismes, pueda mandarnos tranquilamente mensajes en clave a nuestro *e-mail* sin que él sospeche siquiera que tenemos uno.

UNA BRUTA AL VOLANTE

No hay nada más bonito que dejarse llevar por ese hombre
en el que usted confía, pues sabe para dónde va. Ese que le guía
el camino por la vida. Que la conduce por las vías de la felicidad.
Sí, no hay nada mejor que tener chofer.

Maravilloso pensar que un truco tan fácil como fingir que no sabemos conducir, funcione a las mil maravillas para lograr nuestros objetivos. Aburridas como estamos de comprobar que cuando un hombre nos abre la puerta del carro es porque el carro es nuevo y no quieren que se lo ensuciemos o, porque la relación es nueva y nos acaba de conocer, entonces inventamos algunos truquitos para que hagan lo que nosotras queramos. ¿Por qué nos conviene que crean que somos tan brutas al volante que, aparte de ponerle gasolina al auto y hundir el acelerador, por nuestra cabeza jamás pasa que de vez en cuando hay que revisarle el aceite o, que cuando la llanta se pincha hay que cambiarla? Pues para:

–Que les toque a ellos llevarnos a hacer las vueltas jartas del banco. Y así matamos tres pájaros de un tiro, nos acompañan, buscan espacio para parquear y cuidan el carro… ¡gratis!

–Que luego de fundirlo por tercera vez en el año, les toque cambiarnos de carro. Preferiblemente por uno último modelo y convertible.

–Que la llanta la cambien ellos y así no nos dañemos el manicure.

–Que nunca nos pidan hacer vueltas de taller.

–Sacarlos de la casa para que recojan el carro varado y así llegar antes que ellos a sintonizar el programa de televisión que nos gusta.

–Que, como el nuestro está dañado, nos preste de vez en cuando su carro que seguramente es más bonito, lujoso y moderno que el nuestro.

-Que nos contraten un chofer y chicanear con las amigas en el próximo *shower*.

UNA BRUTA CON ÍNFULAS DE VEDETTE

Celos, malditos celos. La brutalidad no es sentirlos, es demostrarlos.
A ellos les encanta que finjamos que somos brutas.

Algunos caballeros están convencidos de que para nosotras, armar *show* de celos con desgarre de vestiduras, lágrima corrida y grito herido es nuestra especialidad. Más que eso, se imaginan que nos soñamos la mechoneada, la insultada en público, la pérdida de categoría, los gritos, el mercado de lágrimas… Algunos, incluso, extremadamente ilusos, llegan a creer erróneamente que para nosotras no hay mejor plan que sacarlos borrachos de las discotecas y así humillarnos públicamente dizque para marcar territorio; para demostrar que ese hombre (o, en otras palabras, ese momentáneo despojo humano a punto de vomitarse en la acera) es nuestro y no de la rubia platinada, copa 38D con la que se estaba besuqueando en un rincón minutos antes de nuestra aparición… triunfal. ¡Qué pereza el dolor de garganta después, el delineador corrido y la dañada del *blower*! Eso es sólo para que después se rieguen en atenciones.

Eso sí, para garantizar el éxito de este truco infalible, les recomendamos aplicarlo en Navidad, cerca de nuestro cumpleaños y en fechas comercialmente especiales. Pero si usted se precia de ser una mujer moderna, difícil no considerar siquiera que sería mucho más práctico abandonarlo a su suerte que generalmente es en la casa de la mamá, la cual encantada recibirá a su "bebé" después de una noche de farra que le costó nuestro perdón… ¡y muy posiblemente su casa!

Créanme que, sin desgastarnos siquiera, si lo que queremos es que se arrastren a nuestros pies, surte muchísimo más efecto esperarlo en la comodidad de su casa, preferiblemente en pijama, eso sí con la maleta empacada en la puerta y echarlos a la calle por traidores. Es muy fácil deshacerse del marido, sin despeinarnos siquiera. Ahí sí ruegan, lloran, patalean y piden cacao. La que se las da de muy inteligente, sin embargo, abusa de su buena suerte. Falla en calcular los tiempos en los que deberá torturar al marido, lo echa de la casa y, por ende a los brazos de la otra y algunas más osadas hasta intentan el viejo truco de darle celos con otro. Con esta actitud no logran absolutamente nada de la que bien podría ser una conveniente situación a su favor de la cual, entre otras, podría sacar mucho provecho.

En cambio, la que finge brutalidad hasta para armar una simple escena de celos, es decir, la que le cuenta a todas las amigas aunque a él le parezca terrible, la que aparentemente lo perdona porque finge que no puede vivir sin el muy traidor, o, mejor aún, actúa como si no se hubiera dado cuenta de la gravedad del pecadillo en mención, esa sí logra torturarlo a sus anchas, así sea por un rato. Empieza por hacerse la víctima dolida y abnegada, lo recibe nuevamente en la casa, pero eso sí, sólo el día antes del pago de la cuota de la tarjeta de crédito y del sobregiro que aprovechó para hacer sin su autorización en el banco, y le hace pagar con creces su arrepentimiento en la joyería más costosa de la ciudad. Entonces, señoras, así nos muramos literalmente de la pereza, así Sábados Felices esté buenísimo, nos conviene salir de la casa en pijama de vez en cuando a armarles escándalo y escenas de celos en público. Así ni siquiera nos sintamos ofendidas, más bien agradecidas, con la rubia oxigenada por desencartarnos esa noche del marido, nos conviene humillarnos para:

–Fingir que es tal la indignación que esa noche ni se les ocurra pedirnos que hagamos el amor y despeinarnos. ¡Qué pereza!

-Que piensen que de verdad estamos celosas y poder disfrutar de los beneficios que conlleva demostrarle toda nuestra fingida inseguridad al "macho" que tenemos en casa... pero de la otra.

-Que se arrastren. Porque nos encanta que se humillen y nos den explicaciones que sinceramente no nos interesan para así manipularlos a nuestro antojo.

-Que ya que les fascina el plan ese de sentirse "luchados por", les demos gusto de vez en cuando y así aprovecharnos de ellos. Porque realmente son muy pocas las ocasiones en las que los hacemos sentir que valen la pena y a veces toca darles contentillo.

-Adquirir estatus de furiosas que, en últimas, es mejor que el de idiotas. Porque a la que grita, reniega públicamente y mechonea, a esa le tienen miedo, no necesariamente respeto pero para el efecto es lo mismo. Porque está comprobado que el respeto va directamente ligado al orgullo y que no surte tanto efecto como el terror.

-Que el complejo de culpa no les permita negarse a comprarnos la última cartera Louis Vuitton que salió al mercado.

-Practicar por deporte. Mechonear a una rubia oxigenada es divertido y toca practicar para no perder tan sana costumbre.

-Poder conseguirnos mozo sin tanto cargo de conciencia y echarle la culpa a él de nuestra decisión, si nos pillan.

-Marcar territorio entre nosotras. Nos fascina que las demás crean que si se meten con lo de uno correrían igual suerte. ¿Complejo de Mad Max?

-Vengarnos. Porque el muy cretino con sus andanzas clandestinas, frecuentemente nos deja sin plan los fines de semana y ya nos tiene francamente aburridas. Por eso, nos animamos entonces a dañarles el suyo con la otra.

-Obligarlo a que nos pague la cirugía con la que tanto hemos soñado. Porque como ya nos enteramos de que a la otra ya le regaló lipo, la única forma de obligarlo a que nos regale una, por lo visto, es mechoneándole a la moza en público.

–Que siga convencido de que lo deseamos y lo queremos al punto de humillarnos en público porque no podemos vivir sin él; quiero decir, sin su cuenta bancaria.

–Pedirles algo que ya nos habían negado antes.

–Tener tema de conversación con las amigas en el próximo bingo y ser protagonistas de una historia de horror. Seguro le lloverán las invitaciones después para que vuelva a echar el cuento, eso sí, cada vez más exagerado.

–Practicar con una loba lo que haríamos ante una verdadera amenaza. Hay que afilar las uñas de vez en cuando.

–Que gracias al escándalo, lo echen como a un perro de su sitio (antro o caleta) favorito y, para nuestra tranquilidad, no lo vuelvan a dejar entrar y así limpiar nuestro terreno de acción. Porque ese preciso sitio es el mismo al que nos gusta ir con nuestro mozo y qué boleta encontrarse "por casualidad".

–Que no se gaste la plata de los aretes de diamantes que nos prometió con una guisa en una rumba.

–Que juren que nos morimos por ellos y ni se les ocurra dejarnos.

Consejo: aunque un consejo no deja de ser la opinión sobre algo que usted ya sabe pero que no le va a gustar oír, no olvide el siguiente: nunca se vaya a dormir enfadada con su pareja. No, quédese más bien despierta y ármele un lío de Padre y Señor mío antes de acostarse.

UNA BRUTA EN LA CAMA

A las que creen tan brutas que no les da la cabeza ni para fingir un orgasmo como lo hacemos todas, a esas no las dejan. ¡Con esas se casan!

Aunque cueste trabajo creerlo, fingir tener pocos sesos en la cama es también sinónimo de poder. Erróneamente los caballeros piensan que algunas de nosotras somos unas taradas sin creatividad hasta para hacer el amor. Curiosamente, por eso se aferran más. De los testimonios de muchos amigos he extraído frases como: "Lástima, es linda pero no tiene imaginación". Pero ojo, a esas no las dejan. ¡Con esas sí se casan! Será entonces cierto eso que dicen que el matrimonio es el remedio contra la pasión. No sé pero lo cierto es que, por el contrario, con las exageradamente imaginativas, dispuestas, incansables y creativas, no se quedan, les huyen. Según sus parámetros machistas, esas exigen demasiado esfuerzo y, para un hombre, cualquier hombre, no hay nada mejor que estar con una que esté dispuesta a dar testimonio (juramentado si es preciso) de que como él, ninguno. Por eso, señoras, es mucho lo que podremos lograr si aprendemos el arte de quedarnos calladas y fingir que no sabemos nada. Súmese puntos a su favor si, encima de todo (o, debajo de él, da igual) logra convencerlo de que es virginal e inexperta. Habrá que limitarse a ser la buenota del paseo y que todo el esfuerzo lo hagan ellos. Así, fingiendo que somos unas brutas, sin talento hasta para fingir un orgasmo, verá cómo en un abrir y cerrar de ojos, su aburrida pareja se convertirá de la noche a la mañana en todo un Tarzán de película porno. He aquí algunas razones de por qué nos conviene fingir que hasta en la cama somos unas perfectas brutas:

–Porque de no ser así, la única actividad segura que tendríamos en la cama sería tendiéndola.

–Porque a ellos les seduce la idea de dominar la situación. Les excita pensar que están enseñándonos algo nuevo (así más pericia en el asunto tenga Emilio, nuestro vibrador) y que ellos son los únicos capaces de hacerlo.

–Porque es el secreto mejor guardado del mundo de las secretarias. Y ellas a su vez son las que mandan en la oficina. Bien mandaditas, calladitas… y si a ellas les funciona…

–Porque generalmente nos da pereza ser imaginativas con el mismo y por eso adoptamos la actitud de "vegetal". Sobre todo cuando estamos muertas del sueño. Cansadas y casadas hace más de 7 años... ¿fingir otra vez pasión? No, ¡qué jartera!

–Porque no hay nada que le fastidie más a un hombre que le digamos cómo hacerlo. O, peor aún, que opinemos abiertamente sobre sus destrezas o habilidades en la cama (si las tienen).

–Porque es divertido fingir que somos unas brutas sin iniciativa y dejar que sean ellos quienes hagan todo el esfuerzo.

–Porque el hecho de que todos terminen (o al menos lo piensen alguna vez en sus vidas) dejándonos para enredarse con una loba sin sesos, así lo demuestra.

–Porque la creatividad y la audacia se dejan para el "otro". Para ellos uno debe seguir siendo "la señora de la casa".

–Porque eso nos garantiza que si nos dejan por "bobas", ellos se van jurando que nos quedamos en casa añorando al "mejor bueno conocido", cuando el "malo por conocer" ha demostrado ampliamente y con sobrados méritos que es mucho mejor en la cama (y en el carro, en el ascensor, en el baño del avión...). Creer que los extrañaremos les da ánimos para volver. Y a nosotras para volver a zapatearlos a nuestro antojo.

–Porque, vamos, admitámoslo, nos encanta torturarlos sicológicamente.

–Porque para excitarlos a ellos de verdad sólo se necesitan un buen par de tetas, y no toda una ceremonia de iniciación. Menos que les dictemos cátedra en el asunto. ¿Entonces para qué tanto esfuerzo?

–Porque las velas aromatizadas, los libros de auto- superación, la terapia sexual de pareja, el *kit* de Kama Sutra y la suscripción a *Cosmopolitan* son carísimas y todo ese gasto ¿para qué? Si, en resumidas cuentas, todas esas cursilerías que adquirimos para tener dizque una idílica noche de amor terminan siempre en lo mismo: él se viene y se va. Triste realidad.

En conclusión: hacerse la boba para pasarla mejor, parece que es lo único que funciona cuando de vivir en pareja se trata. Así como ellos, a lo largo y durante el transcurso de la historia han manipulado y dominado la estrategia de hacerse los tontos para salirse con la suya, no veo entonces por qué si luchamos por la tal igualdad, no empezamos también a adquirir sus métodos para pasarla, eso sí, muchísimo mejor que lo que la hemos venido pasando hasta ahora. Y sin tanta complicación, que es lo mejor de todo. Las mujeres nos pasamos la vida quejándonos de todo. Ellos, en cambio, se pasan la vida riéndose de todo, incluyéndonos a nosotras. Es que, señoras, a veces somos tan obvias que ellos no pueden hacer más que ganarnos la partida en nuestra propia ley sin hacer el mínimo esfuerzo. Somos nosotras las que peleamos, discutimos, gritamos y pedimos el divorcio porque a ellos casi nunca se les ocurre dejarnos. ¿Para qué? Si de tanta cantaleta ya ni peso tienen nuestros argumentos. "Algún día se le pasará" es la frase comúnmente escuchada entre los hombres del mundo al referirse a alguna de nuestras célebres y más recientes pataletas.

Pero qué pasaría si nos cercioramos de no pasarles ni una. Pero al lado nuestro, porque eso sí, castigarlos para que otra los premie no es la idea. ¿Cuál sería el chiste? Aparentemos entonces que sí estamos dispuestas a hacer borrón y cuenta nueva para así hacerles creer que somos unas verdaderas brutas en potencia y no una amenaza constante de la que algún día deberán deshacerse si no quieren más dolores de cabeza en el futuro. La solución es el *machismo por conveniencia*, señoras. Ésta es una revolución y ¡comienza ahora!

SEGUNDA PARTE

NUESTRO SEXO SENTIDO

CAPÍTULO 5

¿EL PRIMER AMOR O LA PRIMERA DESILUSIÓN?

Mejor malo conocido que bueno por conocer. ¡A otro perro con ese hueso! ¡Si en la vida uno tiene derecho a besar muchos sapos antes de encontrar al príncipe azul!

S I ALGO DE VERDAD NOS DAÑA LA CABEZA para toda la vida y marca nuestros patrones en cuanto a comportamiento, conducta, pensamiento y nivel de tolerancia que tendremos en el futuro con ellos, eso es el primer amor. Es decir, el primer hombre en el que nos fijamos a pesar de sus granos en la cara, de sus frenillos, de sus manos sudorosas y de ese sospechoso tonito de voz (una mezcla entre el efecto que se produce al inhalar helio, la voz de la abuela con gripa y la de su papá pero ronco). Ese primer romance que como un imán, nos atrae y nos lleva a sentir por primera vez mariposas en el estómago. Ese irresponsable adolescente que nos enamora, nos seduce, nos conquista jurándonos amor eterno. Ese que nos traiciona y nos parte el corazón también por primera vez. Lamentablemente cuando somos niñas, nada ni nadie puede evitar que nuestras insoportables e irresponsables hormonas hagan lo que se les venga en gana. Que, generalmente, es lanzarnos directamente a los brazos del más perdedor de todo el curso y el peor de todo el grupo de posibles prospectos que haya.

Porque eso sí, de adolescentes, uno nunca se fija en el más pilo del curso, en el que fijo terminará siendo un gran abogado o un médico laureado o en el que algún día heredará aquella exitosa fábrica de productos de plástico del papá. No, de pequeñas uno siempre se enamora perdidamente del más guache porque es indiscutiblemente el más *sexy*. Del más torpe, cuya inexperiencia y ganas de probarlo todo por primera vez, confundimos con ternura. Del que más ganas de experimentar, preferiblemente con todas nuestras amigas, tenga. Del que tiene complejo de animador de pollada, de locutor de bingo. El recreacionista de bazar, el Perrito Wanna Be, dizque porque es "súper chistoso". No, uno cuando pequeña es muy poco selectiva y no le mete mucha razón a una decisión tan "sencilla" como a quién le entrega el corazón. ¿Para qué si podríamos jurar que es para toda la vida? Si eso fue lo que nos prometió. Y es así como siempre terminamos creyéndole las promesas al primero que se nos atraviesa por el camino. Y todo para qué, si todo el mundo sabe que las grandes tragedias siempre terminan en muerte, mientras todas las comedias terminan en boda. Entonces ¿por qué no aprender desde niñas a ser más selectivas? Y en vez del payaso, ¿por qué no aspirar a salir más bien con el dueño del circo?

Es así como casi siempre terminamos sufriendo por el primer amor. Llorando a moco tendido y renegando de nuestras propias cortas existencias como si fuera el fin del mundo, por el perdedor de turno. Ese que hasta nuestras propias madres nos prohíben ver y no porque no les guste, sino porque el camino para decidir aún es largo. A lo mejor, debido a sus propias experiencias personales con su primer fracaso sentimental, nuestras madres intervienen para prevenirnos de terminar enredadas en una mala relación. Y lo digo basada en que en generaciones anteriores, las mujeres eran de pocos amigos, muchos menos novios o, si no, de casarse con el de toda la vida. O con el primer atarván que les juró amor eterno. De allí, y de la mala experiencia con nuestros propios padres, que quieran ayudarnos a que escojamos bien nuestro primer amor para no terminar como muchas de ellas, casadas y encartadas con su primera desilusión.

Hoy día afortunadamente la cosa es distinta. Es como si la mujer hubiera aprendido su lección. Como si, aparte del derecho al voto, también hubiera adquirido una licencia secreta para besar a muchos sapos antes de encontrar a su príncipe azul. Pero, volviendo al tema del primer amor, ese que nos daña la cabeza, ese que nos obliga desde una edad muy temprana a dominar términos como "dependencia", más que nada económica, pues mientras a ellos les prestan el carro para chicanearle a los amigos y para descrestar a todas las niñas del barrio, a nosotras no nos enseñan ni a patinar. Mientras a ellos les dan dinero para que inviten a salir a la amiguita de turno, a nosotras nos enseñan a gorrear invitaciones y a conformarnos con lo que haya en la fiesta y a irnos, no cuando estemos mamadas de comer pavo o, peor aún, de bailar con el mismo torpe que pareciera que tuviera dos pies izquierdos, sino cuando nos recojan.

Entonces palabras como *depresión,* que es aquella que por primera vez sentimos cuando aquel adolescente atarván, metido a grande, cuya única gracia generalmente es fumar a escondidas de los papás, nos manda para la porra y sentimos que el dolor nos durará para siempre, es la que aprendemos generalmente cuando nos enamoramos por primera vez. Cuando descubrimos que el chocolate, aunque no está comprobado que nos quita la tristeza, por lo menos sí nos mantiene la boca ocupada para no embarrarla y llamarlo otra vez a pedirle cacao al mismo perdedor que ni por lástima quiere volver con uno. Por eso, una de las lecciones más importantes que creo dejarle de herencia a mi hija es una *cartera.* Sí, así como lo leen. Porque la cartera en situaciones extremas sirve para guardar la plata del taxi por si se aburre en la fiesta o para guardar muchas barras de chocolate por si se deprime al enterarse de que el noviecito anda con otra. A nosotras, por desgracia, no nos crían para tomar ese tipo de decisiones prácticas que nos enseñarían a controlar nuestras propias vidas desde muy jóvenes. A nosotras nadie nos explica que una cosa es la paciencia y que otra muy distinta es pasarnos de idiotas y tolerar lo que no queremos.

El primer amor, ese que a pesar de que nos haya tratado mal, siempre recordamos con nostalgia, es, en resumidas cuentas, aquella irresponsable ilusión que nos enseña a tan corta edad que nada es para siempre. Que sin importar qué tan grande haya sido nuestro "sacrificio de amor" (como si no nos lo hubiéramos disfrutado por igual), siempre nos dejarán por una que requiera menos esfuerzo. Es entregarle el corazón en bandeja de plata a aquel joven e inexperto patán que nos muestra lo fácil que es caer en las manos equivocadas. El mismo que nos enseña que de la ilusión a la desilusión hay sólo un paso. Es aquel al que, una vez hayamos cedido en sus pretensiones sexuales exploratorias, nos deja por nuestra mejor amiga y nos enseña también lo que es tener sed de venganza. Ese que, desde que tenemos uso de razón, nos enseña el lado oscuro de las relaciones como: los celos, a convertirnos en locas posesivas, en histéricas y, muchas veces, reprimidas.

Por otra parte, el primer amor no necesariamente tiene que ser con quien experimentamos nuestra primera relación sexual. De nuestra "primera vez" hablaremos más adelante. De hecho, casos se han visto de aquellos primeros amores tanto tiernos como cursis, que nunca pasan de ser esa primera ilusión que, afortunadamente, nunca pasa a mayores. Esos que incluyen la cargada de los libros, la esperada a la salida del colegio. Aquellos inocentes romances, casi siempre clandestinos, de tomar helado por las tardes, de besos robados, de quedarnos enganchadas en sus *frenillos* y que el hermanito menor nos descubra para después chantajearnos con contar. De tomarse la mano debajo de la mesa y sudar de los nervios hasta casi derretir nuestro esmalte de uñas. De aquellas eternas conversaciones telefónicas escondidas debajo de las cobijas para que nadie oiga la sarta de cursilerías que estamos diciendo. De los bailes de quinceañero en donde nos ponemos sin el menor asomo de vergüenza o dignidad, el moño más grande que tengamos dizque para que nos vea linda. Nos ve, y eso, por el tamaño del lazo. Eso es lo único garantizado. Aquel amor inocente de tarjeta credencial Timoteo, de guardar su foto en la billetera, así en ella tenga el aspecto de un asesino en serie sin que nos dé pena mostrarla. Ese amor de dibujar corazoncitos en los cuadernos, de escribir una y mil veces nuestros nombres junto al de él. O nuestros nombres pero con el apellido de casada de él. Y todo para que después de tanto soñar cómo sería nuestra vida juntos, cómo serían nuestros hijos, nuestra casa y pensar hasta en qué nombre le pondríamos al perro de la que será nuestra familia, terminemos sí con un perro pero de verdad verdad. Un malandro con buenos brazos, pero de malas mañas. Todo para que se nos atraviese en el camino uno con la suficiente malicia en la mirada para que ahí sí nos animemos a dárselo sin tanto preámbulo, sin tanta ceremonia. Así somos las mujeres y de allí también podríamos sacar la siguiente moraleja: "Nadie sabe para quién trabaja".

Mucho, muchísimo después, algunas logramos modernizarnos y quitarnos semejante tara de encima. Entendemos que no necesariamente el primer amor, especialmente si fue un fiasco como en la mayoría de los casos, deberá marcarnos de por vida. Algunas aprendemos también que lo mismo que fuimos para ellos, lo fueron ellos para nosotras: un experimento fallido.

CAPÍTULO 6

NOSOTRAS Y EL SEXO

¿Cuál es la maravillosa y sutil diferencia entre el deber y el verdadero placer? Nunca tendremos una segunda oportunidad para causar una buena primera impresión. Recuerde: ¡Sólo hay una primera vez!

Hablemos, ahora sí, de nuestra *primera vez*. ¡Horror! Muchas mujeres, luego de su primera vez, tal vez por física y pura vergüenza de haber cedido lo que nos enseñan a creer que es lo más preciado de nuestra humanidad, se aferran a ese primer experimento de carne y hueso, como si fuera su última oportunidad en la vida. ¿Por qué no nos enseñan, más bien, a levantarnos luego de cada fracaso? A entender que está bien disfrutar de nuestros cuerpos y de los suyos, tal como lo hacen ellos: sin complejos, sin inseguridades, sin cargos de conciencia. Y no es que ahora tengamos que enseñarles a nuestras hijas que andarse por ahí de libertinas, sosteniendo romances a diestra y siniestra, esté bien. Es, más bien, darles la oportunidad de que aprendan a que el sexo es sólo eso: sexo. No una tragedia o el fin del mundo si ya no puede seguir siendo con el mismo. El amor, el amor es otra cosa. Pero también sería interesante que aprendiéramos desde jóvenes que es posible amar y sentir placer al mismo tiempo. Como ellos. Casi todos ellos tienen tan remarcado y tan diferenciado en sus cerebros lo que es el amor de la pasión que es por esa misma razón que con la que se casan, no es la misma con la que viven sus respectivas pasiones ocultas o públicamente reconocidas.

Como madres, también, deberíamos responsabilizarnos por la educación sexual y emocional de nuestros hijos varones. Para que crezcan pensando que sí es posible casarse con la que aman y seguir siendo a lo largo de su historia juntos, la misma que desean. Para evitar así tanta infidelidad, para que dejen de crecer pensando que una cosa es la esposa y otra muy distinta es la amante. Que con la esposa crían hijos y elaboran los presupuestos del hogar. Con la amante, en cambio, desfogan toda su pasión, a la que le gastan lo que tienen y lo que no, así se endeudan. A que no es sano separar lo uno de lo otro, pues si crecieran con otra información en la cabeza, tal vez algún día se darían cuenta de que ambas podrían ser la misma mujer con la que deciden pasar su vida juntos. Así sea por economía, para que no se pasen la vida malgastando sus suelditos en otra distinta a nosotras. Para qué, si bien podría ser la misma. Además, ¡qué ganga!

El caso es que luego de nuestra primera experiencia sexual, si es que no quedamos muy traumatizadas en el intento, el problema es que muchas lo asumen con tal grado de culpabilidad, que no pueden evitar más que soñar con velos blancos y caminar hacia el altar del brazo del mismo adolescente con el que aspiran durar *para siempre*. ¿Y todo por qué? Porque erróneamente, debido a la poca educación sexual que recibimos en casa, sienten de verdad haber entregado lo más preciado de sí mismas. Como si nada más importara, como si no valiéramos por cosas distintas como la inteligencia, los sentimientos, la educación, los valores… Como si al hacerlo por primera vez entregáramos algo realmente tan valioso que no podremos volver a recuperar jamás: nuestra virginidad. ¿Y todo para qué? Para que muchos años después, sí, nos atrevamos a aprender también que lo único realmente útil y valioso que tenemos para fingir que somos brutas y poder así manipularlos a nuestro antojo es nuestra cabeza. Y, por supuesto, ¡nuestras tarjetas de crédito!

¿Sexo, placer? Si no lo aprenden desde pequeños; si sus propias madres no les enseñan que la misma mujer podría procurarles ambas cosas, entonces para qué desgastarnos creciendo con complejos de culpa tontos que lo único que hacen es que aprendamos a utilizar el sexo como algo prohibido que hacemos para complacer al marido y que no nos deje por otra. Si, igualmente, en la mayoría de los casos, terminan andando con otra y ni siquiera se atreven a dejarnos por pura lástima. No sería mejor, entonces, llamar las cosas por su nombre y que, igual que ellos, aprendiéramos que hay que tener sexo responsablemente, sí, pero que no hay nada malo en admitir que también sentimos placer y que hacerlo no es propiamente el fin del mundo. Que nos liberáramos de todo y aprendiéramos que si no fingimos un orgasmo no pasa nada. Pues a ellos realmente lo único que les importará, casi siempre, será buscar y encontrar su propio clímax así finjamos y advirtamos que somos multiorgásmicas. No les importa, no insistan. Qué tal si aprendiéramos más bien a que no sólo sentir placer es algo bueno, sino además que el orgasmo es responsabilidad de cada uno por igual. Que ni debemos esforzarnos por fingir que nos están matando del placer, ni creer que a ellos les excita realmente pensar que logramos el orgasmo gracias a ellos, ni mucho menos que es responsabilidad del otro procurarnos así sea el mínimo de placer. No, aprendamos más bien que es responsabilidad de cada quien y así tendríamos vidas sexuales más satisfactorias.

Mi primera vez, lo admito, no fue a una edad tan tierna: mi caso fue muy distinto. A mis dieciocho años, casi todas mis amigas ya lo habían hecho con sus respectivos novios, en cambio yo no. Y no precisamente por falta de oportunidades, realmente fue porque nunca le vi tanto misterio, por ende tampoco me permití darle tal importancia. La verdad es que cuando me animé a hacerlo por primera vez, fue más por dignidad que por curiosidad. Tal vez, también, por haber sido con un extranjero, me evité todos los comentarios negativos y humillantes que algunos de ellos hacen de nosotras "después de…". Tal vez por todo lo anterior, mi idea de la primera vez se resume a una experiencia bonita con poco valor educativo. Tal vez por eso así asumo mis relaciones ahora que soy adulta. La importancia sólo la merece quien realmente la valga. Aquel quien logra impresionarnos, ya sea por sus dotes o por su nivel de entrega y el placer que nos haga sentir en el intento, así el orgasmo, insisto, siga siendo responsabilidad de cada uno.

Tenemos que educar a nuestras hijas para que no crezcan pensando que "la primera vez" es la definitiva. Que quedamos en deuda con ellos o que, de acuerdo con lo buena o lo mala que haya sido, está en nuestras propias manos lograr que ello no nos traumatice realmente de por vida. Que nunca vamos a volver a tener una segunda oportunidad para causar una buena primera impresión. La primera vez, concluyo, es entonces esa época de confusión en la que todo se ve y se siente como rotundo, para siempre, definitivo. Es cuando más nos atrevemos a fingir que además lo disfrutamos y que ya somos grandes. Ojalá, eso sí, no caer en malas manos o en las de un pelmazo de aquellos que, aparte de mal dotado, se jure todo un *playboy* de vereda. En las de algún granuliento inexperto que nos convenza de que de ahí en adelante somos de su propiedad. Nuestros hombres aprenden desde muy temprano a marcar diferencias radicales entre lo que es el amor y el placer. Por alguna razón que intuyo, mas no me atrevo a asegurar, lo uno nada tiene que ver con lo otro en la cabeza de un machista latinoamericano. Por alguna extraña razón, jamás aman lo que desean y jamás logran desear para siempre a la que tienen en la casa criándoles a sus hijos. Y nosotras, en cambio, por siempre pensando, en secreto, que es así cuando y como más nos aprecian, pues a ellos les entregamos lo más valioso y frágil que tenemos.

Afortunadamente hoy recuerdo mi primera vez como algo natural y humano que tenía que pasar alguna vez en la vida. Y ya sin tanto drama. Tener sexo responsable es tan natural y tan necesario a veces como cambiar de novio o de pareja cada vez que la energía deje definitivamente de fluir. Novia eterna como me declaro, también he aprendido con los años que, después de uno, posiblemente vendrá otro, seguramente mejor que el anterior. Y no es que con el tiempo nos volvamos expertas, o sabias o aprendamos a escogerlos mejor: más detallistas, más amorosos, más románticos, más creativos en la cama, mejor dotados y entrenados. No, eso nunca pasa. No seamos ilusas. De lo que muchas mujeres en el mundo no se han dado cuenta todavía es que nosotras, con el paso del tiempo y de las distintas experiencias, cada vez nos volvemos mejores. Cada vez más, entendemos el sexo como algo placentero. Como un acto natural que, en vez de culpabilidad, nos proporciona tanto placer como a ellos. Y eso no tiene nada de malo; al contrario. Insisto: el orgasmo debería ser reglamentado como responsabilidad de cada uno ¡por su propio esfuerzo y cuenta!

CAPÍTULO 7

FOBIAS, ALERGIAS Y OTROS POPULARES TRAUMAS FEMENINOS

SEGURO, UN DIVORCIO, EN LA MAYORÍA DE LOS CASOS, puede ser traumático. Pero tampoco es el fin del mundo. Más aún cuando íconos mundiales de la belleza y el glamour como Elizabeth Taylor o, más recientemente, Jennifer López, nos han enseñado que sí es posible sobreponerse a una ruptura sentimental… ¡con otro!

La muy sabia señora Taylor, a lo largo de su muy documentada vida nos ha enseñado, entre muchas otras cosas, que la juventud, la lozanía y la belleza, si es que se tiene, o la simpatía (que viene siendo como su genérico, a falta de la primera), hay que usarlas para sacar el mayor provecho. Mientras duren. Porque no todas, a pesar de la epidemia de *Cuchi-Barbies* que pululan por las calles, logramos detener el tiempo para así conservarnos bellas a pesar del cruel paso del tiempo. Y ya que estamos hablando sin tapujos, también sería bueno empezar por admitir que la simpatía tampoco dura para siempre; que las mujeres también corremos el riesgo de terminar nuestras vidas amargadas, dependiendo del número de aciertos o de errores que hayamos cometido en nuestras vidas. De Liz Taylor, la de los ojos color violeta, aprendimos que casarse bien puede ser considerado un deporte… de alto riesgo. Pero que si es con trofeo incluido, estamos dispuestas hasta a correr los cien metros planos en rulos. Que no hay que tener ni mucho cerebro ni talento para atraparlos. Que los diamantes sí son los mejores amigos de una mujer. Que para qué gastarse fortunas en sicólogos si está comprobado hasta la saciedad que una joya logra el perdón absoluto mucho más eficazmente que una terapia de pareja. Que los clavos sí sirven para sacar otros clavos y, de paso, para *clavar*. Sí, la señora Taylor evidentemente no le tenía fobia al matrimonio. A ninguno de los ocho que lleva a cuestas.

Y hablando de los grandes ejemplos que nos han proporcionado las grandes divas del espectáculo en cuanto a relaciones, rupturas sentimentales y a consejos de cómo superarlas se refiere, mis dos estrellas nuevas favoritas siguen siendo Jennifer López y, por supuesto, Britney Spears. La popular boricua, J-Lo, a pesar de su talento que incluye cantar, actuar, aparte de ser una exitosa empresaria en el mundo de la moda y la belleza, al parecer también lo es en coleccionar maridos. Pensando como la mujer moderna que soy, en un principio no lograba entender por qué López insistía en casarse cuando aparentemente lo tiene todo en esta vida. Y me refiero a todo en esta vida. Será que me he dejado contagiar por el pesimismo que reina actualmente en el mundo cuando del secreto para encontrar la estabilidad emocional se trata. Porque, casi como una regla para triunfar, la estabilidad emocional está directamente ligada a la estabilidad económica. Es como si las mujeres independientes nos hubiéramos convencido de que la una no es posible sin la otra. Como si lo único que nos pudiera hacer cambiar de parecer en cuanto a comprometernos o no, es el nivel de comodidad que nuestra pareja pudiera procurarnos. Si no, la mejor opción sigue siendo quedarnos solas.

Tal vez por eso me encanta la filosofía de vida de Jennifer López. Ella insiste en que lo único que importa es el amor y, aunque nos cueste creerlo, teniendo en cuenta la cantidad de fracasos sentimentales que ha tenido, lo sigue intentando. Así nada más, sin complejos, sin grandes expectativas. Ha de ser porque no necesita que la mantengan, seguramente. Porque piensen por un instante que somos la voluptuosa boricua. Actuamos en películas que, criticadas o no, son taquilleras, lanzamos discos que se venden como pan caliente sin jamás tener que demostrar nuestro talento ante ningún público en vivo, porque es más que sabido que jamás hace conciertos, encima de todo lanza una línea de ropa que se vende hasta en el Japón, y su línea de perfumes nos tiene intoxicadas a punta de pachulí en el mundo entero. J-Lo tiene tanto éxito que se puede dar el gusto de casarse con su masajista y con el conductor de la limosina que la llevó al aeropuerto si le da la gana. Porque tiene bien claro que de ellos sólo necesita su compañía.

¿Será entonces que para vivir del amor, la que tiene que ser millonaria es una? Pero cómo logramos eso sin tener ni sus curvas, ni su habilidad para el baile, el *lip sync* y los negocios. Será que así sí funciona, si la que manda en la casa es una y a ellos les reducimos sus responsabilidades a la de espectadores de nuestros actos, a la de proveedores de amor incondicional y ya. Será que sí es posible tanta belleza. Difícilmente. Es tal la información que tenemos ya instalada en nuestras cabezas de mujeres independientes y asalariadas que, así nos convirtamos en la competencia de Bill Gates, si el hombre que tenemos al lado no nos da la talla, por la misma puerta que entró, inevitablemente saldrá corriendo el amor. Si no, ¿por qué J-Lo no siguió con Ojani Noah, su mesero de Miami? ¿Porqué no logró mantenerse casada con Cris Judd, el bailarín? ¿Por qué no logró casarse con Ben Affleck, el actor con problemas de alcohol y póquer? Porque todos ellos seguramente atentaban contra el patrimonio que tanto esfuerzo y trabajo le ha costado construir. Porque, al parecer, en nuestros tiempos, si desde muy jóvenes decidimos que lo que queremos es trabajar a la par de ellos, no es muy posible vivir tan sólo del amor. Y no es que me interese mucho la vida de J-Lo, ni que sea mi modelo para seguir; bastantes problemas tengo con mi propia inestabilidad emocional como para venir ahora a estudiar la ajena, pero es inevitable no usarla como ejemplo de la mujer moderna y trabajadora que sueña también con tener éxito en su vida personal y conformar una familia.

Lamentablemente, tal como la señora López, al parecer, en nuestros tiempos, ninguna mujer moderna y preparada puede mantenerse enamorada de quien no le inspire admiración. Que, entre otras, va directamente ligado al respeto. ¿Será que ese es el problema? ¿Será que por nuestra misma ambición nos hemos apartado del camino hacia el altar? ¿Será que el éxito profesional implica un sacrificio emocional? ¿Será que Marc Anthony ha logrado conservar su interés a pesar de ganar mucho, pero muchísimo menos dinero que ella? ¿Será que inconscientemente hemos aprendido a medir nuestro nivel de amor de acuerdo con nuestro nivel económico y con los esfuerzos que hacemos por lograrlo?

Lo cierto es que, en el caso de las mujeres supuestamente modernas como yo, no es muy posible vivir sólo del amor. Tal vez es tanto lo que nos cuesta luchar allá afuera por lograr nuestros objetivos profesionales y por alcanzar una cierta estabilidad económica, que ya no estamos dispuestas a compartir nuestros espacios con nadie que nos aleje de nuestras metas. Ninguna de nosotras quiere el pelele al lado. Ninguna quiere sentirse que somos las proveedoras y que, incómodas como vivimos, sin tiempo muchas veces ni para nosotras mismas, alguno pretenda vivir cómodamente a costa nuestra. El estado ideal de cualquier mujer moderna sería más o menos así: estudiar, ser profesional, trabajar en lo que le gusta, casarse enamorada con alguien tanto o, mejor aún, más exitoso que ella. Aportar en la casa sí, pero que la responsabilidad siga siendo de ellos. Es así como con sus intentos fallidos, Jennifer López nos ha demostrado que vivir sólo del amor no es posible, así el problema no sea falta de dinero. La mujer moderna y trabajadora, necesariamente, tiene que admirar a su pareja para poderla respetar y, así suene cruel, para poderla amar. Todo es parte del mismo paquete. Pero si lo que busca es la estabilidad emocional, por encima de su carrera profesional, entonces alguien tiene que ceder. Hablando directamente: usted tiene que ceder. Si los que, en cambio, ceden son ellos, y se limitan a ser el edecán de turno de la exitosa diva, algo seguramente fallará en el camino. Así no tiene ninguna gracia. La mujer, moderna o no, para lograr comprometerse emocionalmente, necesita conservar la ilusión de dejarse llevar por la vida de su complemento ideal. De esa pareja que la guíe por los momentos oscuros de la vida, que la haga sentir que si alguna vez cede y deja de trabajar, igual va a haber pan y leche sobre la mesa cada mañana. Suena cruel pero es la realidad.

Otro ejemplo maravilloso es, indiscutiblemente, el de la diva del *pop*, Britney Spears, quien nos ha enseñado recientemente que es posible casarse y divorciarse en menos de 48 horas. Consejo ideal para las solteras indecisas: ¡un matrimonio *express*! Preferiblemente en Las Vegas, donde también es facilísimo divorciarse, y por ventanilla. Que, aparte de barato, es ideal para adquirir automáticamente estatus de separadas que, entre otras, es mejor que el de solteronas. De su nuevo matrimonio no opino, Dios quiera que le dure. Dios quiera también que Federline, el nuevo marido de la Spears tras su divorcio *express*, se pellizque a tiempo y empiece a trabajar si quiere que su matrimonio le dure y para garantizar así que la Spears no lo abandone por otro bailarín o por Ben Affleck, quien ya está libre nuevamente y en Las Vegas, jugando póquer para lidiar con su despecho.

De las grandes estrellas hemos aprendido también que casarse frecuentemente es simple cuestión de actitud. O, tal vez, una necesidad patológica. Que casarse bien o mal es una simple cuestión de método. Que a nadie le importa realmente si se es feliz o no. Lo único importante en la vida es probarlo. Y no es que de estos ejemplos tengamos necesariamente que salir a casarnos con el primer perdedor desocupado que nos encontremos por el camino. Es, más bien, que casarse no es ningún misterio. Lo importante sigue siendo intentarlo y no condenarnos a una vida solas, llenas de responsabilidades, pero solas al fin y al cabo. Por esto, lo primero que debemos aprender a detectar son nuestras respectivas fobias. Esas que, de alguna o de todas las maneras posibles, nos afectan al grado de no permitirnos superar a tiempo nuestras dudas y nuestros miedos al compromiso. ¿Cuáles son entonces esos patrones que debemos romper y los traumas que debemos superar para lograr la tan anhelada estabilidad emocional? No está de más practicar karate por si todo lo anterior falla.

¿A qué o a quiénes les tenemos fobia? ¿Qué tipos de hombre o de situaciones nos producen fobia? ¿Cuál es la diferencia entre una fobia y una alergia emocional? ¿Qué podemos hacer para evitarlas y superarlas? ¿Es realmente inevitable salir o, incluso, casarse con una de estas *fobias* para poder enfrentarlas y así superarlas?

Una fobia emocional no es necesariamente producida o derivada de una experiencia real y nefasta del pasado. Es más bien una condición incrustada en nuestro subconsciente que nos obliga, sin aparente razón alguna, a salir huyendo despavoridas ante algunas situaciones, personas o compromisos que, de sólo pensar en la posibilidad, nos producen un miedo, en ocasiones, histérico e incontrolable. En otras palabras, es evitar sin haber probado. Es huir de lo desconocido porque nos basamos en las malas experiencias de los demás. Pero cuando nos basamos en las propias y, sin embargo, insistimos en repetir el patrón una y otra vez, como la mayoría de nosotras, he ahí un problema realmente grave. Es, acaso, lo que le da origen a aquel popular refrán que reza: mejor malo conocido que bueno por conocer.

Lo único cierto es que para superar una fobia o para aprender a vivir con esta condición (léase, conformarnos con aguantar), lo que los sicólogos recomiendan es, aparte de detectarla a tiempo y tratar de averiguar su procedencia, tratar también de afrontarla para así quitarnos el miedo o pavor que nos produce y lograr superarla. ¿Será por eso entonces que algunas nos casamos tan mal, que terminamos enredadas sentimentalmente con los que muy seguramente nos harán daño?

Las fobias emocionales modernas, por su parte, son realmente patéticas. En un mundo cada vez más urbano, más tecnológico, más de genéricos, de frascos, de experimentos de laboratorios y clones, muy poco se asocian a las originales fobias que conocemos. La mayoría eran orientadas hacia los animales que nos producían asco o fastidio como las serpientes, las ranas, los sapos o los ratones. Las nuevas obedecen, más bien, a las relaciones de pareja y por supuesto a sus protagonistas. Es así como, en el listado que enumeraré a continuación, incluyo algunas fobias modernas y algunas sugerencias de mis amigos para combatirlas.

Heterofobia. Pavor a nunca poder salir del clóset. A condenarse a vivir insatisfechos el resto de sus días por temor a tener que admitir públicamente su verdadera identidad sexual. Es decir, la padecen aquellos que aseguran que la vida, a nivel sentimental, no ha sido justa con ellos. Aquellas personas quienes, pasadas en años, quisieran animarse a probar con los de su misma especie, por si no aparece nada del lado opuesto.

Terapia: en grupo.

Medicamentos sugeridos: alcohol, en altas dosis.

Recomendaciones para superarla: trasnoche. Ubique el mejor bar *gay* de la ciudad. En su clóset, digo casa, vea *Padres e hijos* y muchas telenovelas. Seguramente después de esta terapia intensiva, aprenderá a que es mejor salir del clóset que condenarse a vivir así por el resto de sus días.

Teterofobia. Miedo a tener hijos y a encartarse con ellos al no poder ganar suficiente para contratar a una niñera. Lo padecen, sobre todo, aquellas mujeres mal casadas con alguien que gane menos que ellas. También podría aplicarse para describir el pánico que les produce a algunas mujeres descubrir que su pareja es un "niñito inmaduro". O, en el peor de los casos, a terminar enredada con alguien que valore más una copa 38D que los sentimientos.

Terapia: individual.

Medicamentos sugeridos: milo, chocolisto, papilla de arroz.

Recomendaciones para superarla: ¿no se ha visto *Amor a la plancha*? ¿Para qué contratar niñera si se le ven mejor las minifaldas que a usted?

Testosterofobia. Pánico que padecen algunas mujeres a no saber comportarse frente a un supuesto buen partido. Los síntomas varían entre manos sudorosas, pérdida parcial del habla, torpeza, conversación y movimientos erráticos y monosilábicos y risita estúpida. La pérdida del conocimiento también está contemplada, sólo cuando, para aplacar los nervios, quien lo padece ingiere cantidades obscenas de alcohol.

Terapia: individual.

Medicamentos: mareol para el mareo, por supuesto, y aspirina para el guayabo; un buen antidepresivo por si todo lo anterior falla.

Recomendaciones para superarla: aunque un té–lluvia–entrega de regalos es un ambiente más seguro para las de su condición, sin embargo, si insiste en superar los nervios que le produce estar ante un posible buen prospecto, asegúrese de llegar ya "entonada" a la fiesta. No asista con ninguna amiga físicamente más atractiva que usted y asegúrese de ubicarse muy cerca del bar. Buen partido o no, a la gran mayoría les gusta el trago. Eso sí, finja que usted no toma "tanto" porque aunque ellos sean unos alcohólicos en potencia, a ellos no les gusta que uno tome como un camello en Mardi–Gras.

Gegarkennelfobia. Miedo a terminar enredada con un perro. La padecen generalmente aquellas mujeres a quienes les han puesto los cuernos con cierta frecuencia. Esas que, en alguna mala experiencia del pasado, fueron tan incapaces de abandonarlos, que se obligaron a sí mismas a quedar atrapadas en medio de tormentosas relaciones por no poder distinguir entre el amor y el orgullo herido. El orgullo, ese mismo pésimo consejero que nos impulsa a perdonarle sus andanzas al canino en cuestión, siempre con la ilusión de que cambiará o que, en el peor de los casos, lograremos algún día vengarnos de ellos. Qué pérdida de tiempo.

Terapia: individual.

Medicamentos: alquile *American Gigoló* y véala varias veces durante el fin de semana. Cómprese un bulto de ladrina y mézclelo con las comidas. Le sabrá tan mal que cada vez que piense en ese can, le producirá vómito incontrolable.

Sugerencias para superarla: ¿Para qué se da mala vida? Admita que metió la pata y se casó con un perro y sin decirle nada asúmalo o déjelo. La sospecha, para la mujer moderna, es razón suficiente para abandonarlo. Pero si quiere permanecer casada, pues no le diga nada y más bien consígase usted también un mozo.

Otras fobias modernas populares:

Triglicerofobia. Animadversión a involucrarse sentimentalmente con un hipocondríaco. Con aquellos especímenes del sexo masculino, casi siempre con características similares que son: pasados los 35 años, solterones, sin hijos o pareja fija reconocida. Aquellos hombres pasados de peso y de tragos, quienes ya empiezan a presentar serios problemas de calvicie prematura, triglicéridos, colesterol alto, presión baja o hipertensión, reumatismo. Si a esto se reducen sus frecuentes temas de conversación, huya. Deje huellas sobre el pavimento, si es preciso. En ellos la hipocondría no es más que el temor a envejecer y... una justificación para morirse más bien solos que mal acompañados. Si su pareja de turno o habitual lo padece, sus síntomas son inconfundibles: angustia existencial, sudor copioso, "pechiche o arrunchis". Ojo: no confundir con un guayabo.

Aullofobia. No es el pánico a envenenarse con una crema de auyama. Es más bien el pavor que le tenemos las mujeres modernas a terminar comprometidas con un lobazo. También lo padecen aquellas mujeres quienes temen que sus maridos las dejen por una de estrato uno.

Oswaldofobia. Pánico, por no decir el "oso" de tener que presentar en familia a un novio que se llame Oswaldo, que use tanga narizona y que, encima de todo, nos dé en la jeta.

Britneyfobia. Pánico a morir virgen o solterona y por ello animarse a meter la pata frecuentemente. Se manifiesta con atuendos lobos y brillantes, desnudez frecuente, malas amistades, paseos a Las Vegas en donde, pasada de trago, quien lo padece podría terminar casada con lo primero que se le atraviese. Para, eso sí, divorciarse unas horas después.

Cretinofobia. Miedo a terminar casada con el cretino de la familia. A tener que casarse mal para quedar bien. Esta fobia también es conocida popularmente como *mal de me dejó el tren*, o estupidez.

Inrifobia. Después de todo el trabajo que nos costó convencernos para encontrar pareja y apostarle a un compromiso, el pavor que nos produce la idea de quedar viudas. Peor aún, con hijos y tener que descubrir que la moza del difunto también se disputa con usted una tajada de la herencia por ser la madre de otro hijo que usted no conocía. Y casos se han visto.

Showerfobia. Temor que sentimos las solteras, aun después de los 30, a que nos inviten a un té-lluvia- entrega de regalos. Una verdadera tragedia, teniendo en cuenta que esta es la oportunidad perfecta y favorita de las que sí se casan para torturar y atormentar a sus amigas asalariadas y cuasi solteronas.

Ahora, la diferencia entre una fobia y una alergia sentimental es realmente elemental: la fobia es inexplicable en algunos casos y se manifiesta con síntomas de terror. La alergia, en cambio, se manifiesta con visibles síntomas antes de ocurrir: fastidio, rasquiña, brote y malestar general. Allá usted si insiste en no entender las señales a tiempo. Es decir, mientras la fobia es un miedo incontrolable que usted inconscientemente tratará de evitar o evadir a toda costa, por puro instinto o intuición, la alergia es la que le da su origen a aquel dicho que dice: "Al que no quiere caldo se le dan dos tazas". O a aquel otro que reza: "Sarna con gusto no pica. Y si pica, se justifica". Me refiero a que generalmente muchas mujeres modernas sabemos de antemano cuándo la actitud o el comportamiento de ellos nos podría causar fastidio o repulsión. Pero si, por casualidad, el tipo habla mal, come peor, en el cerebro sólo alberga aserrín pero está bien dotado y nos atiende bien, lo más seguro es que soportemos con admirable estoicismo la alergia que éste nos produzca hasta que aparezca algo más sano.

Para resumir, en el caso de las relaciones personales que tanto nos afectan a las mujeres modernas, muchas de nuestras fobias están directamente ligadas a las malas experiencias que tuvimos durante nuestra infancia; a algunas que nos han contado y a internet; a toda esa basura amarillista que leímos como si realmente sirviera para algo distinto que para alimentar nuestra creciente paranoia al compromiso. Si tuvimos durante nuestra infancia un papá controlador, de esos que le controlaban a uno hasta las idas al baño, el número de llamadas telefónicas que recibíamos durante el día y hasta lo que nos poníamos para salir. Es lógico que le tengamos fobia a los tipos modelo *toalla higiénica*, es decir, súper absorbentes. Esos que si, además, vienen con alas, las usan pero ¡para volar a los brazos de la otra!

Pero la forma que hemos adquirido las mujeres modernas de lidiar con nuestras fobias emocionales, también han cambiado significativamente. Antes, los sicólogos nos incitaban a enfrentarlas, hoy día, con esta falta de tiempo hasta para lidiar con nuestros propios problemas, lo más práctico es huir de ellas o darles la vuelta según nuestra propia conveniencia. Si, por ejemplo, crecimos cerca de un padre que se pasaba frecuentemente de copas y, debido a esto, maltrataba físicamente o verbalmente a nuestra madre, pues intente más bien una relación con un abstemio o con uno al que ya le hayan diagnosticado una cirrosis y ya no quiera, pero mejor aún, ya no pueda beber más. Si en la casa infortunadamente fuimos testigos de algún tipo de violencia familiar consentida, pues no *consienta* más a su marido hasta que se porte bien o déjelo, que es más práctico, aunque no menos difícil. Ayúdese y en sus ratos libres aprenda a boxear o cómprese un tiquete, preferiblemente con el dinero de él y huya a algún paraje exótico. Demándelo por abuso y violencia doméstica y déjelo en la calle pero de otra ciudad para que usted pueda vivir a sus anchas en su nuevo domicilio.

Si no superamos las experiencias malas que pudimos haber tenido en nuestras casas cuando pequeñas, esa imagen de pareja nos quedará en el subconsciente, y es una de las causas por la cual la mujer moderna se ha vuelto tan agresiva. No necesariamente lo que le pasó a un familiar, a una amiga o conocida, tiene que pasarle a usted. Uno de los derechos más maravillosos de los que gozamos las mujeres modernas es escoger: mal o bien pero derecho, nuestro derecho al fin y al cabo. Lo que hay que tratar de evitar a toda costa es convencernos de que ese refrán que dice "mejor malo conocido que bueno por conocer" es la verdad absoluta. Es una verdadera tragedia cuando llegamos a creer que debemos someternos a la infelicidad, pues lo necesitamos como algo adictivo. Porque es lo único que conocemos y que erróneamente creemos que podemos manejar.

Si todos los hombres joden por igual, búsquese al menos uno que se ajuste más a su medida. Si lo que quiere es casarse, aprenda a superar las fobias, a detectar a tiempo las posibles *alergias* y, más que nada, a escoger bien. Nadie nos puede garantizar que conoceremos algún día a la pareja perfecta. Pero nadie puede tampoco convencernos de vivir mal, sometidas, aburridas y engañándonos a nosotras mismas sobre la idea romántica o no de cómo debe ser la relación ideal. Nosotras, las mujeres realmente modernas, ya no tenemos *ideas románticas*, tenemos *ideas*, nada más.

CAPÍTULO 8

¿QUÉ PASÓ CON EL HOMBRE DETALLISTA?
¿MURIÓ O, ACASO, LO MATAMOS?

O TRO DE LOS BENEFICIOS QUE HEMOS PERDIDO por culpa de un feminismo mal administrado, es decir, el asumido con venganza por la opresión machista del pasado, es indiscutiblemente nuestro derecho a los detalles románticos.

¿Qué pasó entonces con el hombre detallista, acaso se extinguió con los dinosaurios? ¿Acaso murió por culpa del feminismo mal aplicado? ¿Acaso nuestra resignación por vivir cada vez más simple y elementalmente es por culpa de la información que traemos desde nuestras infancias? ¿Es acaso por culpa de la sumisión inculcada por algunas de nuestras progenitoras que nos hemos refugiado en cuanta onda tipo Greenpeace que se popularice? ¿O será por culpa del conformismo que nos hemos convertido en conservacionistas, vegetarianas, practicantes de yoga, protectoras de animales, activistas políticas, en mujeres resignadas que ya no buscamos que ellos sean detallistas con nosotras sin que ello implique desplegar toda nuestra desconfianza hacia el sexo opuesto? ¿Acaso por eso nos hemos vuelto tan espirituales y mientras tanto la materia qué? ¿El materialismo, tan femenino como la laca o el esmalte de uñas, qué?

¿O tal vez, a su cruel modo, algunas de nuestras sometidas madres quisieron alertarnos de lo que sería nuestra triste realidad si llegáramos a depender de un marido avaro? ¿Será todo esto la raíz del problema? ¿Acaso por esta misma causa o razón las mujeres modernas, en masa, buscamos nuestra propia independencia económica casi como una necesidad física? ¿O todo el cambio fue suscitado por el tema económico y nada más? ¿Será, entonces, que toda la guerra de los sexos está basada en la libertad que hemos ganado las mujeres para comprar y gastar a nuestras anchas con nuestro propio dinero? ¡Eso sí que es materialismo en su más pura manifestación!

Lo que no entiendo es ¿por qué, en vez de luchar contra la pareja para que podamos gastar dinero, no fingimos más bien que somos, cómo diríamos, menos capaces, y lograr así igualmente gastar dinero?… pero el de ellos. Porque lo que sí es cierto es que ya los hombres no se molestan en ser detallistas. Para qué, si todo lo podemos conseguir con nuestro trabajo y por nuestros propios medios. ¿Cuál es la gracia de regalarnos una cartera, cuando por asalariadas podemos comprarnos una igual, así sea chimba, en donde la contrabandista de moda? ¿Cuál es el chiste de sorprendernos si aparentemente ya no necesitamos nada? ¿Para qué el esfuerzo si cuando tienen detalles con nosotras siempre sospechamos que hay algo malo detrás? "Seguro que quiere algo"; "me regaló flores!" ¡Horror! Seguro me puso los cuernos el muy desgraciado. ¿Qué es este nuevo pensamiento tan perjudicial para la salud mental, por Dios? Por nuestra parte, nosotras, las mujeres modernas, también hemos perdido la habilidad de aceptar y agradecer un regalo sin sospechar que detrás del gesto hay una traición o, peor aún, una propuesta matrimonial.

Cansadas como estamos de creer que el ama de casa es un ser aburrido, sin vida, sin aspiraciones, a la cual explotan durante toda su vida como una empleada de servicio gratis, declinamos sus regalos y los convertimos en lo que son hoy día: hombres poco detallistas y fríos. Además, como maliciosamente hemos optado por creer que el cuentito ese del matrimonio no es ninguna petición de amor sino más bien la forma más práctica que tienen de que les hagamos todo gratis, que los atendamos gratis, que les demos hijos gratis, que los ayudemos en los gastos de la casa gratis, entonces a las mujeres modernas la propuesta ya empezó a parecernos poco menos que atractiva.

Lo cierto es que una de las cosas que más extraño del machismo y la razón por la cual propongo esta nueva corriente femenina mas no feminista, *machismo por conveniencia*, son todos esos detalles por los que nos derretimos. Modernas o no, extrañamos al hombre detallista y, por supuesto, sus detalles. Ahora, los hombres, tal vez por nuestra propia actitud de mujeres aguerridas, desconfiadas, independientes, ya no quieren sentir que estamos burlándonos de ellos. Ya no nos quieren contemplar como antes porque se sienten *escaneados*, analizados, juzgados permanentemente por nosotras. Porque una de las cosas más terribles que hemos adoptado las mujeres del mundo con la modernización es a desconfiar de todo y de todos. Entonces, a los hombres ya les aburrió el plan ese de que cualquier detalle que tengan con nosotras jamás será suficientemente grandioso. Porque por nuestras mentes casi siempre ronda la duda: "Quién sabe dónde lo habrá comprado y cuánto le costó esta baratija. Quién sabe qué quiere ahora o qué fue lo que hizo". Antes no. Uno sólo agradecía el gesto y se limitaba a derretirse de amor y a batir pestaña. Las mujeres, mientras sigamos pensando que cualquier cosa que nos den o quieran hacer por nosotras, podríamos hacerlo mejor y mucho más rápido que ellos, estaremos inevitablemente condenándonos a no volver a recibir nunca ninguna manifestación de cariño. Nos acostumbramos a caminar más rápido que ellos. A manejar nuestro propio carro que pagamos nosotras mismas por cuotas. A decir que *no* porque *sí*. A llamarlos por nuestra propia cuenta. A invitarlos a salir si es que tenemos ganas de verlos. A sacarlos de la casa o irnos con las amigas cuando no tenemos ganas de hacerlo. ¿Entonces así quién puede? Así, ningún hombre se animaría jamás a meterse en la boca de semejante lobo.

Yo sí quisiera regresar a nuestras antiguas raíces. A que nos traten como unas princesas, a que nos traigan flores a la casa sin ninguna razón aparente, a que nos regalen muñecos de peluche así nos den alergia y nos alboroten la rinitis. A que nos dediquen *graffitis* y a que hagan al menos un esfuerzo por conquistar nuestro amor. Como antes. Y no como ahora, que con coincidir en un bar es más que suficiente. Cuando uno ya no se quiere casar sino convivir un rato a ver *qué pasa*, por puro y físico miedo a fracasar. Como si convivir con alguien y no lograr consolidar una relación estable (con hijos, perro y eventos familiares), de hecho ya no lo fuera. Cuando las relaciones se acaban porque nosotras mismas las matamos con tantas condiciones y reglas absurdas. Como lo que pasa en nuestros tiempos cuando si él gana menos que nosotras ya no lo admiramos. Cuando si nosotras no queremos trabajar más lo confundimos con que somos unas perfectas inútiles sin aspiraciones. Qué tiene de malo no aspirar a otra cosa que lo consientan a uno y que ellos vuelvan a creer que son los jefes del hogar. Sí, admitámoslo, la vida era mucho más fácil y cómoda para nosotras cuando eran ellos los que se creían los más capaces, cuando eran más detallistas.

Los detalles de ahora suelen ser tan patéticos que, si quieren ser considerados en casa, su forma de demostrarnos que nos quieren es pagando la mitad de la luz de ese mes. En las fechas especiales, si no logramos salir de la ducha sin matarnos antes de que deje de sonar el celular, tenemos que conformarnos con suponer que nos querían felicitar en nuestro día porque nos dejaron un mensaje en el buzón. Si nos invitan a cenar, partimos la cuenta por mitades para que él no vaya a pensar que estamos con él por interés o porque lo queremos casar. ¿Y qué si lo piensa? ¿Acaso ese no es el chiste? ¿Acaso, en el fondo, eso no es lo que la mayoría de las mujeres queremos? Que nos atiendan, que nos conquisten, que nos inviten a vivir la vida juntos. ¿Por qué tanta prevención, por qué estamos tan a la defensiva, por qué nos hemos vuelto tan desconfiadas?

CAPÍTULO 9

¡CADA UNO ES RESPONSABLE DE
SU PROPIO ORGASMO!

Depende de cómo escojamos disfrutarlo. Con quién, cómo o con qué,
ni siquiera es el punto.

S IN TEMOR ALGUNO A QUE SE ESCANDALICEN con lo que voy a
exponer en este capítulo, una de las cosas más útiles y prácticas
que he aprendido después de los 30 es que cada uno es responsable
de su propio orgasmo. Eso sí, todo depende de cómo escojamos
disfrutarlo. Con quién, cómo o con qué, ni siquiera es el punto. Y,
aunque admito que mi posición frente al tema es un poco egoísta,
la de ellos siempre la ha sido. Ellos insisten en diferenciar el placer
del deber. El placer es el que sienten con la otra y el deber es el
que le toca cumplir de vez en cuando, mínimo una vez al mes con
la que tienen en la casa. El cerebro femenino alberga al menos seis
billones de neuronas menos que el de ellos, y al comprobar que
somos tan inteligentes como ellos, hemos demostrado ampliamente también que nuestras neuronas son muchísimo más eficientes.
Entonces no le veo problema alguno en que nos despertemos
de nuestro letargo y aprendamos también a pensar como ellos.
Y ahí está el verdadero secreto para tener una vida sexual plena,
responsable y sin resentimientos.

Qué tal si, como lo hacen ellos, asumiéramos el sexo como lo
que realmente es: un acto físico cuya finalidad es obtener placer

y qué tal si en vez de sentirnos usadas, también aprendiéramos a usarlos a ellos para nuestro propio beneficio y placer. Que sin cargos de conciencia lográramos entender finalmente que cuando uno tiene sexo está bien que nos usemos los dos. ¿Qué pasaría si en nuestra mente, en vez de asumir esas inútiles posiciones dignas y sumisas cuando después de una noche de pasión no se les ocurre volver a llamarnos, lo asumiéramos como lo que fue y no como lo que creímos que pudo haber sido? ¿Qué tal si en vez de lamentarnos y quejarnos, aprendiéramos más bien a adquirir el control absoluto de nuestra mente y nuestro cuerpo?

Una de las claves de la felicidad es definitivamente tener mala memoria. Y, en algunos casos, ¡amnesia! Muchas mujeres modernas ya lo han empezado a poner en práctica, y tener sexo de repente se ha convertido en algo gratificante y satisfactorio. No en un motivo más de frustración o de resentimiento. Y lo que trato de promover a través de estas páginas no es una nueva revolución sexual femenina, que nos volvamos más promiscuas o que asumamos el sexo como un deporte. No, lo que propongo es un cambio mental y, más que nada, de actitud frente al mismo para que dejemos de sufrir por ellos. Porque son ellos y no nosotras los que regresan a sus casas o se acuestan a dormir con sus conciencias tranquilas, sintiéndose físicamente satisfechos. En cambio a nosotras desde muy pequeñas nos enseñan que si nuestra conciencia nos impide hacer una cosa, nos impedirá disfrutarla. No sé bien si algo tiene que ver la anatomía en todo esto, pero se me ocurre que sí. El simple hecho de que cuando tenemos sexo son ellos los que invaden nuestro cuerpo por fuera pero, sobre todo, por dentro. A su vez, cuando termina el acto sexual, somos nosotras y no ellos lo que quedan con la sensación de tenerlo aún dentro de nuestro cuerpo. Para ellos el asunto es un poco, cómo diríamos, más epidérmico.

El secreto está en pensar como ellos, y así quitarnos de encima todos esos cargos de conciencia y sus fastidiosas secuelas. El problema es que cuando una es moderna y liberada, tener sexo sin compromiso tiene el riesgo de convertirse en una especie de examen de admisión para nosotras. Y es sano admitirlo. Son muchas las veces que he estado presente y he participado en conversaciones que giran alrededor del tema: "Fulano me encanta pero ¿qué tal que sea malo en la cama?". Para muchas de nosotras es de vital importancia entendernos sexualmente con el hombre con el que queremos consolidar una relación. Antes no. Anteriormente uno se casaba y luego descubría si era bueno o no. Si nos hacía sentir bien o no. Si uno se encartaba o no. Muchas de nuestras antepasadas, además, por casarse vírgenes, nunca tenían, como nosotras, la ventaja de comparar. Ventaja que realmente no sé si también es una desventaja porque nos hemos vuelto demasiado exigentes. Igualmente, sería muy triste asegurar que el entendimiento con nuestra pareja en la cama es lo más importante de todo. Si hacer el amor, o tener sexo, sólo dura un ratico. En cambio, compartir la vida con alguien podría ser eterno. Si todo el mundo sabe que, en la mayoría de las relaciones amorosas modernas, andamos tan ocupados que el sexo es lo que toma menos tiempo y esfuerzo. Pero es también lo que más problemas y dolores de cabeza nos ocasiona.

El hecho es que si nuestro pensamiento actual nos lleva a evaluarlos antes y después de haber tenido sexo con ellos, es una demostración de lo evolucionadas que estamos. Ellos también lo hacen. Con la diferencia de que a ellos les gustan más bien inexpertas, pues eso les da la oportunidad de lucirse, de creer que nos enseñan cosas nuevas y que siempre los recordaremos por sus habilidades en la cama. A nosotras, en cambio, nos gustan más experimentados y fogosos. Nos gusta que sean ellos los que propongan y nos gusta proponer para que no nos quieran dejar nunca. Siempre con ese fin, nunca con el de pasarla bien juntos y nada más. La mujer, moderna o no, cuando tiene sexo, lo que pasa por su cabeza es: "Debo descrestarlo". Y ahí sí que cometen un grave error. Porque si es la mujer la que toma la delantera en la cama, ya que le sigue preocupando lo que él piense de usted, lo que pensará, si es tan machista como la mayoría, es que usted es así con todos los demás. Y eso no tiene nada de malo. Todo depende de lo que usted quiera. ¿Seducirlo o realmente conquistarlo?

El problema es creer que para ellos el sexo debería ser lo mismo que para nosotras: amor puro y un preámbulo para el compromiso. Es pensar que, aunque evidentemente ya no seamos vírgenes después de los 30 (¡a Dios gracias!), seguimos convencidas de estar entregando lo más preciado de nuestra humanidad. Seguimos asumiéndolo como si accediéramos a dar la vida. Pero con ciertas condiciones. Condiciones que sólo están en nuestra mente pero que en la práctica no son tal. Tendríamos inevitablemente que volver a nuestras raíces y llegar vírgenes al matrimonio para seguir utilizando el sexo para comprometerlos en una relación seria. ¿Y para qué regresar si ya hemos avanzado lo suficiente? Si ahora podemos nosotras también disfrutar de tener el control. No, qué pereza. Entonces, para que ello pueda ocurrir, para que podamos tener sexo seguro sin desplegar todas nuestras inseguridades y complejos, hay que aprender a ser más prácticas.

Si vuelve a salir con ese tipo que le encanta e inconscientemente se halla frente al espejo, poniéndose el vestido más sexy y, no nos digamos mentiras, más fácil de poner y de quitar que tenga, poniéndose perfume en zonas que normalmente sólo vería con lupa. Poniéndose la ropa interior a juego (no como en los días normales en donde el color del *brassiere* nada tiene que ver con el del *panty*; los *matapasiones* vuelven a salir al ruedo, pues nadie se los va a ver. Cuando el encaje, definitivamente no es más cómodo que el algodón…) que compró especialmente para la ocasión… ¡no se haga! Entonces sí pasa, porque en el fondo es sano admitir que uno quiere que pase; ¿entonces de qué se queja? A ver. De qué podría quejarse si él nunca la vuelve a llamar, si usted no sólo quería sino que muy posiblemente lo disfrutó igual que él. Una noche de sexo no es una propuesta matrimonial, señoras. Y ese es un riesgo que todas las mujeres solteras debemos saber que corremos cuando tenemos sexo sin antes casarnos. Entonces por qué insisten en torturarse y siguen pensando que el tipo en cuestión es un desgraciado porque jamás volvió a aparecer.

¿Y si a él no le gustó y a usted tampoco? ¿Va a seguir fingiendo que está ofendida porque ni siquiera volvió a llamarla a preguntarle cómo estaba? Usted sabía a lo que iba, no fue propiamente una violación, pues en el fondo quería que pasara para saber si podrían seguir adelante con una relación. Pues lo mismo hacen ellos. ¿Entonces cuál es el problema? ¿Por qué las mujeres queremos adoptar esa actitud de doncellas sumisas y desvalidas a la hora de tener sexo cuando en el trabajo somos o jefes *cuchilla*, o empleadas eficientes, recursivas y de armas tomar? ¿Por qué no lo somos en nuestras vidas sexuales y también tener el control en este terreno? ¿Qué nos da miedo? ¿Los demás? Triste sí que muchos hombres, tan acostumbrados como están a que nos hayamos vuelto tan liberadas, no se atrevan a volvernos a llamar por temor al rechazo. Pero si la razón real por la cual no lo volvió a hacer es porque no le gustó, está en todo su derecho, como también lo podría estar usted si quisiera. Entonces no se ofenda si no la vuelve a llamar, tal vez es lo mejor que le pueda pasar.

En la vida, todo el mundo usa a todo el mundo y esa es la constante. ¿Por qué habría de ser distinto con el sexo? Hacer el amor es otra cosa. Ahora, si el problema es que usted se enamoró y él no, el problema sigue siendo suyo. Ha debido esperar entonces un poco más. Pero no es sano que las mujeres sigamos haciéndolos responsables de nuestras decepciones amorosas. Nadie lo enamora a uno, uno se enamora solo. Pero una cosa es conquistar y otra seducir. Es necesario que aprenda primero cuál es la intención que el hombre tiene con usted antes de tener sexo con él. Si lo hace sólo para comprometerlo, como una demostración física de amor que tiene como finalidad que la tome en serio y que su relación de pareja se estabilice, el asunto no funcionará. Y le irá mucho mejor llegando virgen al matrimonio para poder estar segura de eso. Recuerde que el hombre propone y la mujer dispone y en eso las reglas no han cambiado mucho que digamos.

Si, el asunto, a diferencia de los anteriores es entre casados, muchas de las parejas más felices y estables que tengo la fortuna de conocer, todas concuerdan en lo mismo: a veces hacemos el amor, a veces tenemos sólo sexo. Y es sano. Nadie ha dicho que uno no puede también tener sexo pasional con su pareja. Lo importante es saber conectarse y desconectarse antes de crearse usted misma un cortocircuito mental y emocional. Uno hace el amor con el marido porque uno lo ama, porque es posiblemente el padre de sus hijos, porque llevan muchos años juntos y el sentimiento se ha consolidado. Pero a veces es posible que obedezca a una necesidad física de ambos que nada tiene que ver con los sentimientos que ya están. Muchas mujeres no se atreven a ser pasionales con sus maridos, porque temen que ellos vayan a confundirlo con otra cosa y que se vaya a perder el sentimiento y hasta el respeto. Y después se preguntan por qué ellos marcan la diferencia. ¿Por qué se buscan a otra para vivir y sentir lo que con la esposa creen nunca van a poder realizar? Uno de los refranes populares que más me gusta, pero que muy poco se aplica al parecer, es aquel que dice: "Una dama en la calle, una puta en la cama". Seguramente a quien se le ocurrió no estaba hablando de la misma mujer, pero eso nos da la idea de que por ese orden podría estar la fantasía que ellos tienen de cómo debe ser la mujer perfecta.

Entonces, la mujer cuando se casa se anula. Se reprime a tal grado que espera a que él sea el que quiera y lo sugiera, pues como ella es la "señora de la casa". Y nadie está sugiriendo que se convierta en una *vedette* porno o que lo espere en ligueros, o que se le presente en la oficina con abrigo y nada debajo… ¿O por qué no? Tal vez debe ser demasiado fuerte cambiar de actitud de la noche a la mañana, cuando tras un largo matrimonio sentimos habernos desconectado de nuestras parejas y vuelven a aparecer en muchos casos, incluso, la vergüenza y el pudor. Casi como si los acabáramos de conocer. Pero si no se atreve, este consejo es para sus hijas, para que cuando se casen no dejen que se pierda la complicidad. Que no permitan que decaiga la pasión. Que ni se les ocurra pensar que ser la "señora de la casa" es una cuestión de postura y de actitud.

Es como si muchas esposas realmente se hubieran convencido de que al casarse desempeñan un papel. Que viene incluido con:

Ambientación: la casa en donde viven, los portarretratos de la boda, del nacimiento de los hijos y sus respectivos bautizos. Flores para que él sienta que hay calor de hogar. La bata colgada en el baño, las pantuflas debajo de la cama y el vestido de novia aún colgado en el clóset como para recordarle todos los días de su vida lo que hizo.

Vestuario: ropa ancha y cómoda. Muchas pijamas deformes. Zapatos bajitos y muchas pantuflas y mocasines para "andar en la casa".

El maquillaje es más bien poco y los peinados, cada vez menos elaborados y aburridos.

Nooo. Para que no se frustre tiene que desempeñar un papel más protagónico en su propia historia de vida. Usted es la responsable de su propia vida, de conservar sus ilusiones, de sacarle provecho a cada instante. Usted que fue suficientemente inteligente para casarlo, para comprometerlo, para que la mantenga; usted misma, sin sobreactuarse, también tiene en sus manos su propia satisfacción sexual. Está en sus manos que para usted también sea necesario y eso le dará la libertad de proponer lo que usted quiere y cuando lo quiere.

Para finalizar, insisto en que el orgasmo, en el caso de las solteras, las casadas, las viudas y en el de todas las mujeres por igual, es responsabilidad de cada una. Dejemos por un momento de pensar que ellos son buenos o malos en la cama. Evitemos darle el poder y el control de nuestro placer sexual. Volvámonos mujeres realmente prácticas, condescendientes, mujeres activas, participativas, creativas sin exagerar y con menos complejos que ahora. Que no volvamos a depender de ellos para gozarlo, que entendamos por fin que no tiene nada de malo disfrutarlo igual que ellos, y que pedirlo de vez en cuando nos fortalece el cuerpo y el espíritu. Que tenemos también derecho a ser un poco egoístas igual que lo son ellos, que no tiene que condenarse a fingir orgasmos toda la vida por temor a perderlo. Créame que no les importa más que al principio y por puro y físico orgullo machista. De allí en adelante señoras, su propia satisfacción sexual, que sea también su propia responsabilidad. Y eso sí, si lo que quiere es permanecer casada, finja que todo lo que sabe, se lo debe a él. ¡No se dé mala vida!

CAPÍTULO 10

COMER... ¡A LA CARTA !

E L SEXO NO ES OTRA COSA QUE UNA FUERZA DE LA NATURALEZA. ¿La razón? La razón es otra cosa. El cuerpo es un templo... ¡Somos lo que comemos! Gracias al derecho que hemos adquirido a escoger, entre el gremio femenino se han popularizado los mozos, los tinieblos, las sopitas en bajo, el "otro".

Como lo anoté antes, es cuestión de aprender a pensar como ellos y no torturarnos en el intento. Muchas mujeres realmente modernas ya han comenzado a quitarse de encima los complejos del pasado y han aprendido a tomar el control de sus propias vidas, de sus relaciones y de su propia sexualidad. A lo mejor por ello, entre el gremio femenino se han popularizado tanto los mozos. Sin tapujos, muchas mujeres en el mundo han querido entender más bien que, a lo mejor, casarse no es lo que buscan. Que a lo mejor ser libres, trabajar a sus anchas y manejar su propio tiempo es lo que realmente necesitan para ser felices. Cada vez menos interesadas en la vida en pareja, en ayudar a poblar el mundo con más niños cuyas madres posiblemente estarán demasiado ocupadas para atenderlos como quisieran, este cada vez más nutrido grupo de mujeres ha decidido seguir viviendo plenamente sin una pareja estable.

Y cuando hablo de una pareja estable, no me refiero a que se rehúsen a ser novias dedicadas, amorosas y detallistas. Me refiero a que la finalidad de las relaciones para este tipo de mujeres no siempre tiene que terminar en campanas de boda. Entienden que las relaciones tienen que durar lo que alcanzan a durar. Es decir, lo que dure el interés, la pasión, el sentimiento, la razón. Siendo así, muchas mujeres se han lanzado a vivir sus vidas sin llenarlas de falsas expectativas. Y así son felices, siendo "la novia eterna", sin que por ello se limiten a no volver a tener estables y sanas relaciones sexuales a lo largo de sus vidas.

Si ya logró quitarse de encima el complejo y la consideración por los demás y empezó a vivir su propia vida según sus parámetros, sus reglas, sus aspiraciones, no dé un paso atrás. Siendo esta la tendencia, las mujeres deberíamos prepararnos de antemano para no casarnos y aún así vivir satisfechas sexualmente. Hoy día, muy por el contrario de la teoría que tienen algunas sobre las ventajas del matrimonio, una mujer casada, generalmente, tienen menos sexo que una soltera. Y no es que las solteras anden alborotadas, como locas saliendo con cuanto hombre disponible se les atraviese en el camino. No, es que se han vuelto más participativas y mucho más selectivas, lo cual les garantiza que, con el que escogieron estar, a lo mejor ese sí valga la pena… al menos por un buen rato. Entonces, de ahora en adelante, si es su caso, deberá cuidar mejor su dieta. Directamente y sin anestesia: hablo de hombres. Porque el cuerpo es un templo… Somos lo que comemos.

¿Convertirnos en catadoras de hombres? No, por Dios. No es para tanto, pero sí es necesario tener siempre claro que lo importante, señoras, no es la cantidad sino la calidad. Para entenderlo mejor aún recuerden que nuestros cuerpos están hechos de la buena o la mala alimentación. Es decir, de lo que hemos comido en el pasado, de lo que ingerimos en el presente. Es preciso que aprendamos a escoger lo que nos comemos. Esto, más que una lección de vida, que sonaría algo más que pretencioso, es más bien toda una teoría de supervivencia para mujeres modernas. A continuación un completo y balanceado menú, ejemplos de comidas poco saludables que debemos evitar a toda costa si no queremos ser infelices.

Algunos tipos de tipos que nos causan indigestión:

El Comida rápida. Tal como las hamburguesas, éste espécimen es un buen pedazo de carne, pero nada más. Se come rápido, de afán y no es para nada saludable. Más que nada para la mente.

El Comida típica. Este tipo de hombre es siempre más de lo mismo. Las mismas posiciones aburridas, la misma conversación y la misma sensación de vacío al final. Lo peor de todo es que seguimos probando con la misma clase de hombre a pesar de que en el fondo sabemos que comeremos nuevamente mal. El del chiste idiota que ya nos sabemos de memoria. El que siempre nos lleva al mismo sitio que no nos gusta. El monotemático, el monocromático, pues además siempre se viste igual y jamás nota nada nuevo en nosotras así estemos vestidas de gala. Ese que, al final, terminamos mandando para la porra por la misma razón que a todos los anteriores: porque nos mata, sí, ¡pero del aburrimiento!

El Domicilio. A este tipo de hombre sólo le interesa el sexo. Y, aunque nos cueste admitirlo y hasta atente contra nuestra dignidad, es también exactamente lo mismo que nosotras queremos de él. Así que no se sienta mal si ese hombre con el que se siente tan bien bajo las cobijas es, aparte de *impublicable*, jamás la invitará a un perro caliente en la esquina. Mejor. No le conviene. Es muy probable que, si se atreviera a hacerlo, usted jamás accedería, pues humillarse en público es un descache. Así que evite que su falso orgullo hable por usted y disfrute de un servicio a domicilio sin complejos. De esos que sólo aparecen cuando usted los llama.

Eso es generalmente después de haberse ponchado en una salida nocturna, en la que no se levantó más que un catarro. Lo bueno de los *domicilios* es que, a pesar de lo mal que le fue, aún así habrá actividad garantizada en su cama. Y nadie tiene por qué enterarse.

El Paella. Aquí, nuevamente, bien podría aplicarse aquel sabio refrán que reza: "Nadie sabe para quién trabaja". Comer paella significa atenderlo en la casa, criarle a los hijos y, aún así, que se vaya con otra.

El Tetafula. Esta clase de tipo es aquel que no nos admira más que por nuestras curvas, y eso. Es al que se le va la mirada detrás de cuanta copa 36D se le atraviese por el camino. El que, cuando uno le sugiere aumentarse el busto para complacerlo, el "no" generalmente viene acompañado de un ataque histérico de celos e incluso se atreve a acusarla de querer coquetearle a otros tipos.

El Lomo fino. Exquisito platillo favorito de las que se dejan convencer de que "esa" es su última oportunidad. De las que les gusta mantener al marido. El plato no es más que un conchudo que, en vez de traer el pan a la casa, se lo lleva a la otra. Aquel que se le recuesta a uno. El que uno termina manteniendo para no quedarnos solas.

El Vino. Pero se fue…

El Parrilla. Este modelo de hombre caliente, ardiente, fogoso, también tiene sus serios defectos. Este es el que sin cerveza no funciona. El que vive acompañado de mil amigos a quienes les encanta atender, generalmente a costa suya. Este platillo *gourmet* es el típico hombre que en público es el mejor anfitrión, pero que en privado ni la determina. El que cree que siempre la tendrá a la mano para lavar los platos cuando sus amigos se hayan ido.

El Pollo asado. Aparte de aquella incómoda posición que a ellos les encanta y (sobre todo para lucirse frente a los amigos, así nunca en la vida la hayan intentado siquiera) que a nosotras nos despeina, también sirve para describir a esta categoría de hombre. El pollo, es decir, el niño, el que encima de todo vive bronceado porque no hace más que pasear. Este bocadillo, porque ni llena siquiera, no pasa de ser un plato bastante común, sin nada especial. Ensarta eso sí nuestro corazón, nos da vueltas y vueltas y nunca decide nada. Hasta que uno, por supuesto, ¡termina mareada!

El Risotto. El típico bueno para nada que, encima de todo, se las da de muy gracioso. El que se lava las manos de toda responsabilidad. El encantado de la vida que vive muerto de la risa, pero que niega todo cuando uno se lo pilla con las manos en la masa.

El Chorizo. Es generalmente aquel bien dotado, pedazo de carne grasosa que, a pesar de que sabemos de antemano que no es muy saludable para el corazón, regularmente consumimos. No se enamora de nosotras y tampoco se esmera en tratarnos bien. Provoca de verdad mandarlo al mismísimo chorizo. Pero es adictivo. Lo interesante es que usualmente viene como parte de una larga cadena y, después de uno, siempre viene otro igual detrás.

El Pasta. Un don nadie que se adhiere a nuestras vidas como un pegote y que, para quitárnoslo de encima, toca casi diluirlo en agua, preferiblemente fría. La mejor forma de sacarlo de nuestras vidas es anunciarle de repente que está embarazada. Una maravilla para que salga huyendo.

El Buñuelo. El regordete, bonachón, grasoso, calvo y, encima de todo, amante de los fritos. Ese con el que nuestras abuelas sueñan casarnos, pues les parece un buen tipo. Y nadie dice que no lo sea. El problema es que como todo entra por los ojos… Siendo solteras, además, la competencia allá afuera es tan dura que uno no hace otra cosa que trabajar y cuidarse. Es lógico que uno aspire al menos a algo parecido. Ese es precisamente con el que uno no sale por bueno, por tierno. Por gordo. Ese cuya devoción nos resulta patética, con el que en lo único que estamos de acuerdo es en que merecemos ¡algo mejor!

El Sopita en bajo. El mozo a quien dejamos en remojo y a fuego lento. Ni con la llama de la pasión tan alta para que no se queme, ni tan baja para que no se enfríe. El que nunca clasifica para novio pero que sí vale la pena tenerlo por ahí cerca por si las moscas.

El Lenteja. Este hombre es un lento para todo. El indeciso que se toma unas licencias eternas para regalarnos un poco de la seguridad que necesitamos. El que se demora para todo, menos para venirse. Y por eso uno se va.

El Callos a la madrileña. Modelo importado que nos aguantamos por un rato con tal de conservar la ilusión de que nos va a llevar a vivir a un país lejano y exótico algún día. El problema es que a lo mejor, en su país lo busca la justicia por narcotraficante y al nuestro llegó con la misma idea, pero al revés. Es decir, después de conquistarla, de embarazarla, jamás la llevará más allá de Sasaima. Sacárselo de encima, como el callo que es, duele pero inevitablemente vuelve a aparecer.

El Roscón. Es aquel espécimen popularmente conocido como "el *doughnut* criollo". Ese que se las da de muy macho pero que parece más bien una piñata: "Lleno de maricaditas".

El Churro. Este hombre atrae a simple vista y sin tener que hacer el mínimo esfuerzo. De hecho, a todas nos fascina mirarlo… A su vez, a él le encanta que lo miren. Es ese hombre que deleita, que provoca, pero que al final empalaga tanto que nos produce náuseas y vómito continuo.

El Helado. Tal como su nombre lo indica, es ese hombre frígido, impotente… Ese hombre poco detallista, circunspecto, aburrido y, encima de todo, criticón. Ese al que le dará exactamente lo mismo si duerme a su lado en pijama *baby doll*, sin ropa o… ¡sin él!

El Perro caliente. El problema fundamental con esta popular categoría de comida rápida es que pone los cuernos indiscriminadamente. Es decir, le da igual si es con una de su categoría o de varios escalones menos. Y eso duele más. El muy cretino, además, tiene el descaro de calentarse y de ponerse furioso cada vez que uno le reclama algo.

El Alka seltzer. Este modelo de hombre es con el que uno acepta salir luego de "comer" tantas pendejadas y porquerías. Con el que uno sale para aliviarse de tanta indigestión. Lástima, que siendo tan útil, no apreciemos sus bondades. Qué pena que sólo lo usemos estrictamente cuando realmente sea necesario. Es decir, cuando nos duele el estómago de tanto comer mal. Lo malo de este tipo de hombre es que deja tan poca huella en nosotras, que su recuerdo, como la espuma, se diluye muy rápidamente.

Y si de huevos se trata, éstos son los más populares de todos:

El Huevo frito. Es aquel pendejo que se las tira de loco para pasar un buen rato.

El Huevo tibio. El dudoso. Ese que nunca se siente comprometido. El que no tiene ni criterio ni voluntad para hacer nada. Al que uno termina dejando porque no es ni muy apasionado ni muy frío. El que está ahí. Y nada más.

El Huevo duro. Un huevón bien tacaño.

El Huevo revuelto. Ese energúmeno que, por cortesía nuestra, descubre que acaban de cancelarle su tarjeta de crédito y está furioso con usted.

El Huevo estrellado. El muy idiota estrelló su carro y lo botaron del empleo, todo en un mismo día. Ahí sí llega temprano a la casa, sólo que con ganas de pelear y de montarla de muy bravucón.

El Omelette. El que es tan flojo y tan locho que vive arropado. Ese que luego del primer mes vive en coma, pues no hay quién lo mueva de la cama. No nos saca, porque le gusta quedarse en casa haciendo el amor con cierta frecuencia. Ni porque le asegura que, teniéndola a usted, no tiene nada que buscar en la calle. Suponiendo que usted sea tan torpe que se trague el cuento, la realidad es otra. Salir o más bien no salir *nunca* con un muerto en vida es peor que salir con un perro.

La Huevona. La que se soporta a cualquiera o a todos los anteriores y no se atreve a mandarlos al carajo por no quedarse sola. En conclusión: ¡la que se lo deja montar de un huevón!

Conclusión: así como la naturaleza es la madre de todas las cosas, la necesidad podría considerarse la madre de extraños compañeros de cama.

TERCERA PARTE

CASARSE: ¡UNA CUESTIÓN DE CONVICCIÓN...
Y DE CONVICTOS!

CAPÍTULO 11

¿LA BATALLA DE LOS SEXOS...O DE LOS NEXOS?

Para triunfar en la vida no se necesita plata, se necesitan conexiones.
¿Quién está mejor conectado, ellos o nosotras?
La envidia es mejor provocarla que sentirla.

LOS MEJOR RELACIONADOS INDISCUTIBLEMENTE SON ELLOS. Su ventaja consiste fundamentalmente en que saben para qué sirven las conexiones y las usan. En cambio, nosotras aún no hemos aprendido a usarlas sin que ello nos genere desconfianza. O, peor aún, pensamos que estar *conectadas* entre nosotras es estar a la moda y disfrazarnos todas al mismo tiempo con lo que se use esa temporada. Los hombres, por su parte, sí son buenos amigos. Se tapan las cosas a veces y, aunque nos dé rabia, son más solidarios con los de su gremio que nosotras. Entre ellos no existe tanta rivalidad y se dan la mano en momentos de necesidad. Lo que seguramente le da origen a aquel popular refrán que dice: "En la vida no se necesita dinero. Se necesitan buenos amigos". Ellos sí han entendido para qué sirven las uniones. Los sindicatos. Un sindicato de mujeres es algo así como el buzón y quejas de reclamos en un supermercado. Mientras reparten té y galletas, todas se quejan de algo y ninguna propone la solución. Sólo se quejan. Ellos, en cambio, se reúnen para encontrar en conjunto la solución a algún problema que tengan en común. Ellos se asocian para triunfar en sus vidas profesionales. ¿Nosotras? La mayoría se pasa su vida cual reportera sensacionalista y amarillista, viviendo de la envidia y criticando a los demás. La mayoría de las mujeres llevan vidas vacías en las que la frustración es su motor y la destrucción es su objetivo. Se convierten en seres lamentables e inconformes que ni hacen ni dejan hacer. Debe ser muy triste, encima de todo, vivir la vida documentando cómo es que viven los demás y no tener vida propia. Esperando a que sean los demás los que hagan algo, para ahí sí entrar a analizar qué fue lo que hicieron y hasta atreverse a vaticinar por qué les irá tan mal. Cuando de tomar verdaderos riesgos y aventurarse, la mayoría saben muy poco.

Despotricar de la humanidad entera e intentar acabar con las reputaciones de las personas que sí trabajan, sólo sirve para ventilar todo el resentimiento social que lamentablemente sienten quienes convierten en culpables de sus propias frustraciones a los demás. Tal como esas reporteras y columnistas de chismes malintencionados. Esas que subsisten y, una y otra vez, se levantan de entre las cenizas de las toneladas de basura sensacionalista que aún les publican. Las que viven de eso, pero a punta de demandas por difamación que coleccionan con verdadero orgullo amarillista. Y si menciono ejemplos así de lamentables en este libro, desperdiciando varios renglones del mismo refiriéndome a mujeres con una vida tan triste, es porque, lamentablemente, gracias a casos como esos, muchos hombres crecen con la idea de que todas las mujeres somos así de malas. Así de envidiosas. Así de chismosas. Muchos crecen pensando que la profesión para la que más servimos es para hablar, generalmente mal, de los demás. Que en las que mejor nos desempeñamos y, hasta somos ideales, es en profesiones tan sexistas que ningún columnista de una columna de chismes, así use un seudónimo, jamás resulta ser un hombre. ¿Por qué los hombres no son chismosos? ¿Por qué debemos suponer entonces que las que lo somos y hasta nos lucramos de ello somos las mujeres? Qué triste que ese sea el concepto en el que nos tengan la mayoría de los hombres. Peor aún, que nos prestemos a ello.

El caso es que luego de este patético ejemplo de cómo uno puede desperdiciar y malgastar una vida entera, criticando la ajena, me queda muy fácil entonces concluir que el problema de las mujeres en el mundo es el de la falta de solidaridad y, por supuesto, de rivalidad. Si nosotras mismas nos encargamos de criticar a las de nuestra misma especie por el simple hecho de querer sobresalir, ¿entonces para qué sirve fingir que nos unimos a ratos y luchamos por lograr nuestros objetivos y marcar así una diferencia? Ellos, en cambio, se ayudan, se solidarizan, se impulsan, se aconsejan. Nosotras, no sé si es que llevamos por dentro el maligno gen de la envidia, incrustado como un microchip en alguna parte de nuestros cuerpos. Ese que no nos permite vivir en paz. Ese que nos carcome hasta destruirnos por dentro. Porque según los sicólogos, intentar destruir a los demás no es otra cosa que el reflejo de la autodestrucción que uno quiere. Ese mismo microchip, seguramente, también es el culpable de todo. El que nos incita a acabar con las reputaciones ajenas a nuestro paso. Señoras, concéntrense en lo propio. En descubrir cómo encontrar su propia felicidad. En lograr las cosas que sólo a ustedes las provean de motivos de alegría y orgullo por muy absurdas que éstas sean. El mundo sería un mejor lugar para vivir si hubiera más mujeres ocupadas en sus propias vidas que metiéndose en la de las demás. Tal vez por eso también muchas mujeres se frustran o proyectan su vida para que así sea. Por ese mismo temor al fracaso es que tienden a nivelar por lo bajo y no por lo alto.

Los hombres, en cambio, sí que la tienen clara. Su verdadero poder radica en que no se consideran ningunas autoridades a nivel personal. Mucho menos para criticar a sus semejantes. Ellos sí que admiten ser, en algunos casos, todo un manojo de defectos y, ante ellos, por lo menos a nivel personal, logran amistades sólidas, sinceras, pues saben que a lo mejor sólo tienen una sola oportunidad de hacer de sus vidas lo que ellos quieren. Las mujeres, en cambio, nos reducimos a veces a lamentar nuestras desgracias y a criticar las ajenas como si así pudiéramos justificar nuestra frustración por no haber podido hacer o ser lo que siempre hemos querido. ¿Pero por qué no intentarlo siquiera? ¿Por qué no dejar a los demás en paz y dedicarnos a la búsqueda de nuestra propia felicidad? ¿Por qué nos resulta tan difícil a las mujeres superar nuestra mundialmente reconocida envidia y falta de solidaridad y no convertirnos en un gremio realmente organizado y positivo?

Cuando las mujeres se unen, para conseguir cualquier objetivo en común, las cosas que se logran son realmente maravillosas. Cuando las mujeres superamos nuestros complejos y nuestras inseguridades, obtenemos, sin darnos cuenta, abrir la puerta de la felicidad. Cada una con lo que tiene, con lo que Dios le dio, con lo que le tocó, con lo que muy seguramente con dedicación, convicción y voluntad, podría incluso mejorar para sí misma. Pero cuando no, la vida suele convertirse en una sola comidilla. Casi nadie ha conocido el caso de aquella mujer que se alegró de la felicidad de otra por haberse enamorado, ¡encima de todo de un millonario! En el fondo, la mayoría lo que piensa es: "Ojalá se divorcien pronto". ¿Por qué será que a las mujeres les encanta quitarle el novio a las amigas? Así luego nos convenzamos de que no es mejor que lo que teníamos nosotras. Y es que "el pasto siempre se verá más verde del otro lado de la cerca", reza un popular refrán. Entonces las mujeres jamás nos conformamos con lo propio y siempre perdemos el tiempo deseando lo ajeno. Si uno tiene el cabello liso, lo quiere crespo. Si lo tiene crespo, quiere quemárselo, si es preciso, para tenerlo tan liso como la amiga. ¿Por qué nunca nos conformamos con lo que tenemos?

Si somos bajitas, soñamos con ser altas, si nacimos *planas* queremos aumentar el busto y creer que así incrementamos nuestras posibilidades de levantar, como la vecina. Ellos ni siquiera piensan en eso. Su envidia, porque nadie ha dicho que ellos no la sienten a veces, es más infantil y muchísimo menos dañina que la nuestra, si puede sacarse algo medianamente positivo de la envidia, probablemente sería esto. A ellos les da envidia, por ejemplo, que Pablo juegue mejor al golf que Andrés. Pero no salen a contratar a un grupo de criminales para que le partan la pierna a Pablo antes de una competencia como el célebre caso de las patinadoras olímpicas Tonya Harding y Nancy Kerrigan.

A ellos les da envidia que José cambió primero de carro que Santiago. Pero no aseguran en público que seguramente se lo ganaron en una rifa o que fue gracias al dinero de algún negocio ilícito. Las mujeres, en cambio, sí somos capaces de este tipo de comentarios. De suponer y, a veces, hasta de asegurar lo que no nos consta. Una suposición que, entre otras, damos por hecho y que le da inicio al chisme malintencionado que acaba con la reputación ajena. Les produce envidia, por ejemplo, que a Víctor lo ascendieron primero y le ofrecieron trabajo en el exterior y a él no. Entonces lo que piensan es que habrá que trabajar más duro y que si las cosas no salen bien, en un tiempo, tocará cambiar de trabajo, o de empresa. Pero no se ponen en el plan de reunirse en la cafetería con todas las demás, a hacer suposiciones de por qué a otra la ascendieron y a ellas no: "Se debe estar acostando con el jefe, la muy zorra". "Quien la ve con su carita de mosquita muerta, pobre del marido". La envidia de ellos, en su mayoría, no es destructiva. La nuestra sí. La de ellos podría incluso considerarse una condición más bien humana que logran, ocupándose en sus propias cosas, y manteniendo el control. ¿Por qué, si el afán es igualarnos a ellos, no empezamos a igualarnos también en las cosas positivas que ellos sí tienen y de las cuales podríamos aprender cosas tan útiles como a ser menos envidiosas y más plenas con lo propio? Por la envidia también es que muchas mujeres no son dignas de confianza. Por esta razón, a veces, el trayecto hacia el éxito es largo, difícil y tortuoso. Por ella, la guerra entre los sexos se resume en si no les puede ganar, únaseles. ¿Habrase visto una filosofía más ridícula que esa?

¿Y cómo pretendemos igualarnos, si ni siquiera podemos unificar nuestros conceptos? Muchas de nosotras no queremos hacer mayor cosa por las demás; sin embargo, dedicamos nuestras existencias a amargarle el rato a las que por lo menos sí se atreven. Y éste, señoras, siempre, sépase bien, ha sido nuestro punto débil. El mismo que los hombres del mundo han detectado como nuestro mayor defecto. El mismo por el cual no somos de su entera confianza y por lo cual no siempre están dispuestos a darnos la oportunidad de lograr más y mejores cosas para las de nuestro género y para nosotras mismas. Ese defecto: la envidia. La misma de donde se derivan la mayoría de las cosas negativas que resultan determinantes a la hora de nutrir nuestra infelicidad y la de los demás: la falta de respeto, el resentimiento, la frustración, la incomprensión, la intolerancia, la falta de afecto, la mentira, el engaño… ¿sigo?

Tal vez por esta misma razón abandoné hace mucho la falsa causa feminista vengativa en la que había estado embarcada durante años. Una en la que el plan favorito era reunirnos para hablar de lo bien que nos iba en el trabajo y de lo mal que nos seguía yendo en el amor. Una en la que la misión era criticarlo todo y quejarnos todo el tiempo de que, a pesar de ser mujeres valiosas, valientes, trabajadoras y muy cultas, cada vez había menos tipos con los que valiera la pena salir. Sí los había, el problema era que, en ese entonces, no quería aceptar que alguien pudiera darme la talla sin pretender cambiar mi vida en el intento. A lo mejor era miedo a tener que considerar que si quería tener una sana vida en pareja, a lo mejor tenía que ceder un poco. Y por eso justificaba mis frecuentes intentos fallidos con las quejas por el sexo opuesto y su supuesta falta de consideración. Por eso, y porque me rehúso a vivir mi vida justificando mis propios errores culpando a los demás, recientemente adopté más bien una actitud moderna pero, eso sí, muy femenina. Me concentré en ser feliz y en tratar de no hacerle daño a quienes me rodean. A no ser envidiosa. A no provocarla y mucho menos a sentirla, que es peor aún. Mi nueva actitud es tal vez un poco egoísta, lo admito, pues por estar enfocada sólo en mi propia felicidad, no tengo mucho tiempo ni interés en analizar siquiera la vida de los demás. ¿Para qué iba a querer entonces luchar toda mi vida por ayudar a las demás mujeres del mundo a lograr sus objetivos, si para la mayoría de ellas su objetivo en sus vidas sigue siendo criticar a las demás?

Respeto a las feministas, eso sí, pero sólo a las que de verdad lo han asumido con responsabilidad, a las que no sólo hacen sino que dejan hacer. A las que luchan y trabajan por las demás. No a las que dicen que lo son y ni siquiera saben lo que es o lo que ello implica. No, hablo de las falsas feministas. No quiero ser parte de un nutrido grupo de mujeres inconformes a quienes la vida se les ha vuelto una sola queja. Esas mismas que no quieren hacer, pero que cuando las demás hacen y les va mal en el intento se alegran de su desgracia. No tengo muchas amigas mujeres porque no las entiendo, porque respeto las posiciones de cada una de ellas, aunque no las comparta. Porque el promedio de vida, con tanto estrés, ya no es muy largo. Porque siendo así, no tengo tiempo que perder, ni causas distintas por luchar que las propias.

Para que el mundo realmente pudiera ser influenciado por la filosofía femenina de vida, para que todas esas mujeres maravillosas no se sientan solas en su lucha por la causa, por mejorar las condiciones de vida de las demás mujeres, para que todos nuestros esfuerzos, algunos más grandes e impactantes y eficaces que otros, lo primero que las mujeres en el mundo tenemos que hacer es aprender a respetarnos las unas a las otras. A vivir y dejar vivir. A tratar de sacarle el mayor provecho a su propia existencia, sin fijarse qué están haciendo las demás a su alrededor. Si tan sólo se concentraran en su propia felicidad y no se alimentaran, muchas veces del fracaso ajeno, el mundo moderno sería tan diferente de como lo conocemos. La mayoría de las mujeres en el mundo, así

me caigan encima todas las feministas del planeta, hemos sido, históricamente hablando, parte de la solución. Pero también muchas
veces "el problema" mismo.

Y, para finalizar, el actor Christopher Reeve (Supermán),
dijo antes de morir de un paro respiratorio y cardíaco: "La vida
es como un juego de cartas. A veces nos tocan cartas buenas y a
veces nos tocan malas. Pero la vida es un juego que sigue valiendo
la pena jugar".

CAPÍTULO 12

¿QUÉ ES EL "MERCADO NACIONAL DEL USADO"?

H AY UNA REALIDAD LATENTE. Una que no podemos desconocer si queremos triunfar sentimentalmente algún día. La competencia allá afuera, en el Mercado nacional del usado ¡es dura! Encima de todo, casi todos los hombres disponibles o están obsesionados consigo mismos, o con sus madres o ¡son gay! ¿Entonces qué hay allá afuera para las solteras?

Divorciarse, por supuesto, no es lo ideal. De hecho, ojalá este libro le sirva como una guía práctica en que la misión será *no* divorciarse. Que le sirva más bien a entender de dónde provienen nuestros traumas femeninos, a entender a su pareja para poder así someterla a todos sus caprichos. Tampoco es dejarlo a su suerte para que otra, en vez de usted, sea la que se lo goce o lo exprima hasta la saciedad. Pero lo cierto es que mientras uno logra casarse algún día, para las aún solteras y sin compromiso a la vista, hay una realidad latente allá afuera. Una que no sólo no podemos desconocer sino que además debemos enfrentar, si queremos triunfar sentimentalmente algún día: la competencia es dura allá afuera en el Mercado nacional del usado.

Un sitio oscuro en donde los despechados pueden compartir y departir con sus semejantes: generalmente el bar de moda. La sede del movimiento MEI (Mujeres Emocionalmente Inestables) en el mundo entero. Donde, sin importar la raza, la religión, el físico, la nacionalidad o de qué región del país provengan, generalmente se reúnen para tratar de olvidar sus fracasos del pasado. Viudos y viudas por igual, separados, solteros, vueltos a rejuntar, solterones, divorciados y otra gran cantidad de solitarios que llegan en manada a tratar de encontrar las respuestas a la pregunta más popular que ronda por la cabeza de todos, como una especie de epidemia: "Si la vida nos ha tratado tan bien, ¿entonces por qué estamos solos?".

¿Pero qué está pasando en el mundo que las relaciones no duran y, como especie de Kleenex virtual, la pareja se ha vuelto tan fácilmente desechable? ¿Qué será lo que sucede en las grandes urbes que al parecer el éxito profesional nos distancia tanto de la tan anhelada estabilidad emocional? ¿Acaso tiramos la toalla y ya no vale la pena apostarle al compromiso? ¿O acaso para ser exitoso en la vida hay que empezar por programarse para estar solos? ¿A dónde vamos a parar los emocionalmente inestables? ¡Bienvenidos, entonces, al Mercado nacional del usado!

La gran ciudad. Tierra de oportunidades. Tierra de nadie y de todos. Una gran urbe en donde es posible estar siempre acompañadas y, sin embargo, sentirnos inexplicablemente solas. Las capitales de cualquier país: especies de puertos en donde permanentemente entra y sale gente de todos los rincones del país y del mundo. Bogotá, por ejemplo, la ciudad a la que le debo tanto pero la que también me lo ha quitado todo. Más que nada el sueño. Una ciudad en donde tratan de convivir, en perfecta armonía, las mentes abiertas con las cerradas. La capital que asusta pero que también cobija, acoge y te abre sus puertas de par en par. Sobrevivir sentimentalmente en una ciudad tan grande como Bogotá es todo un reto: 2.600 metros más cerca de las estrellas, 2.600 metros más cerca de la soledad.

En una ciudad tan compleja, encontrar pareja es toda una odisea. Más aún cuando la misma ciudad se ha acostumbrado a su soledad. O, en algunos casos, a su promiscuidad con la que se ha acostumbrado también a cambiar de pareja con la misma facilidad con la que se cambia de ropa interior. A pesar del frío, es una ardiente selva allá afuera. Las mujeres de la capital, algunas tan equivocadas en su interpretación de los conceptos feministas, ya no quieren soñar con campanas de boda, con desfiles hacia el altar o con trajes blancos de novia. Algunas, abiertamente, manifiestan que prefieren guardarlos para Halloween. Algunas, también, vislumbran el feminismo como una forma de venganza a la opresión machista del pasado y, al sentirse cada vez más cómodas con la idea de quedarse solas, han aprendido el peligroso arte, hasta hace poco exclusivamente masculino, de "usar y dejarse usar". Por su parte, los hombres de la capital parece que se hubieran convencido de que realmente existen siete mujeres por cada hombre en el mundo. Sus actitudes así lo demuestran. Es como si de verdad creyeran que por cada "ponchada" o intento fallido, aún les quedan seis oportunidades más para conquistar a una mujer. Analicemos entonces el sexteto de opciones que les quedarían dentro del Mercado nacional del usado. Vámonos entonces de compras, hilera por hilera. Revisemos qué hay a la venta y, eso sí, alisten sus tarjetas de crédito.

Sección de lácteos. En el Mercado nacional del usado, esta sección está conformada por mujeres peligrosamente astutas quienes literalmente "ordeñan" a sus víctimas hasta dejarlos emocionalmente y económicamente vacíos. Este tipo de mujer no tiene inconveniente alguno en seducir por deporte lo que encuentre a su paso. En la mente de esta mujer oportunista no sólo está casarse y tener hijos, sino además divorciarse (preferiblemente escapando del país con el abogado y, por supuesto, con el dinero de la víctima). Mi amiga Marta admite vivir confortablemente en esta sección desde que se divorció de Ramón. Marta asegura en un tono despiadado y triunfalista: "Para qué quedarme con la leche si puedo apuntarle a quedarme con la vaca entera". Marta anunció, recientemente, su matrimonio con un polista italiano.

Sección de carnes frías. En esta sección habitan las mujeres trabajadoras, las exitosas que no necesitan un hombre al lado para darse la gran vida. Las que se precian de competir con ellos por los mejores puestos en las empresas de más prestigio; por los mejores salarios y, por supuesto, por los ascensos que se disputan abiertamente en una verdadera batalla campal: la batalla de los sexos y de los nexos. Esta es la sección de las mujeres supuestamente modernas en público que, en privado, añoran en secreto los tradicionales convencionalismos retrógrados de los que generalmente se burlan en eventos y fiestas tan sólo para que no las cataloguen como solteronas rechazadas. Como si a alguien le importara si lo son o no. Sus edades oscilan entre los 34 y los 42 años; en términos provincianos: a las que oficialmente ya dejó el "tren". Estas mujeres hablan abiertamente de sexo y no tienen inconveniente alguno en describir gráficamente y hasta en exagerar si es necesario, su último encuentro sexual con el que el hombre de turno siempre queda muy mal parado. Y desprestigiado, pues por una razón u otra siempre queda mal calificado y catalogado como "mal polvo". Claro está que esta es sólo una justificación vengativa para explicar por qué el personaje en mención nunca la volvió a llamar. Es aquella mujer que con cabeza absolutamente fría puede mandar a un buen prospecto al mismísimo carajo, si le sugiere cualquier tipo de "sacrificio de amor". Algo así como que deje de trabajar y tengan un hijo.

Sección de mecato o galguerías. La mujer que habita en esta sección es todo un "dulce", un postre. Como el mecato, además, anda en grupos enormes. Sus integrantes son abundantes no sólo en número sino también en curvas y en astucia. Sus edades oscilan entre los 18 y los 24 años y es definitivamente la conquista favorita de los galanes pre-otoñales que pasan de los 35. De esos que se precian de salir con "carne fresca y descontaminada". Para su sorpresa, generalmente ni lo uno ni lo otro. Algunas son las más promiscuas de todo el mercado y en las fiestas *trance* no sirven propiamente aspirinas. Fuman como chimeneas y beben como camellos. Unas verdaderas chicas de ambiente: de ambiente de bar de mala muerte. Los planes varían entre bailar en alguna discoteca de moda, la consabida fiesta apartamentera de la compañera del curso, la heladería de algún centro comercial y los conciertos multitudinarios a los que los preotoñales las acompañan así no puedan ni pronunciar el nombre del grupo de *rock* que toca sobre la tarima. El descubrimiento de la fuente de la eterna juventud bien podría convertirse para los muy desadaptados que prefieren la inocencia a la experiencia, en una verdadera pesadilla, cuando también descubren que frecuentemente deberán pagar la cuenta de todas las amigas de ella y de sus novios que, por estudiantes varados, generalmente están vaciados. Eso sin mencionar que su auto Mercedes lo compró para que nadie pueda dudar que es un ejecutivo exitoso, pasa de auto deportivo a "colectivo" en un abrir y cerrar de ojos. Eso sin contar lo ridículo que se ve el corbatudo conquistando en su territorio a la muy plataformuda.

Sección de enlatados. La *ex* de alguien es la reina de esta sección. Una verdadera lata. O, popularmente hablando, conocida también como todo un encarte. Aquí habita la mujer despechada, la recién abandonada por su pareja. La que erróneamente comienza a salir y a mostrarse porque piensa que ya está lista para dar la batalla nuevamente en el mercado. Es decir, está lista para volver al ruedo y levantarse un sustituto… ¡pronto! Lo malo es que sin importar qué tanta atención estén dispuestos a darle o qué tantas joyas deberán empezar a pagar por cuotas en la joyería más cara de la ciudad, en la mente de esta mujer sólo encontrará desilusión y sed de venganza. A esta mujer sólo le interesa salir con otro para darle celos a su ex. Para intentar recuperarlo así sea por puro orgullo herido. Por esto, sólo recomiendo salir con los "*ex* de alguien", después de un tiempo prudente que deberá valorarse de la siguiente manera: la mitad del tiempo que duró su antigua relación, más un mes de prueba para ver si ya está lista para embarcarse en una nueva relación. También es recomendable salir con estos especímenes después de que ya le haya partido el corazón a algún otro, u otros, que se hayan prestado como "clavo" para sacar otro clavo que, valga la pena decirlo, sí clavaron.

Sección de importados. Esta mujer sí que es todo un *lujo*. La consentida de la casa, la recién graduada de alguna universidad extranjera, está de regreso en el país y alguno aspirará a conquistar su amor. Así que será mejor que ese hombre vaya alistando el anillo de compromiso de diamante, tamaño preferiblemente *antena parabólica* y que se prepare sicológicamente para acompañarla a esas frecuentes reuniones familiares en las que ni siquiera podrán opinar, en donde abiertamente se discutirán todos los aspectos y detalles de la supuesta futura boda, así lleve tan sólo dos semanas de estar saliendo con ella. Que se vaya también despidiendo de sus amigos de farra, de las gatas, las diablas y todas sus amigas de dudosa reputación, pues este tipo de mujer es suficientemente absorbente como para mantenerlo realmente ocupado durante gran parte del día y de sus noches también.

Esta joven mujer que, por no haber empezado a trabajar, piensa que aún está a salvo de convertirse en una vil asalariada. Respaldada tanto emocional como económicamente por una familia que jamás logrará verlo como un simple *prospecto* matrimonial para su hija, se encargará además de amargarle el rato con tantas preguntas indiscretas que incluyen sus ingresos y la más popular de todas: "¿Cómo piensa mantener a la niña de la casa?". Es lógico que la quieran ver bien casada. ¿Estará a su altura? No. Esta mujer aún atrapada en el cuerpo de una niña no ha sido criada para trabajar demasiado y, si lo intenta alguna vez, es sólo animada por su familia para aumentar su lista de probabilidades para encontrar marido. Sus padres, a su vez, a base de palancas, la ubican en empresas de categoría, prestigio y buen nivel en donde seguramente la niña podrá rodearse de hombres de su mismo nivel social. La finalidad siempre será la misma: casarse con alguno de ellos. Previamente aprobado por su familia, claro está.

Sección de aseo. En esta popular sección, dentro del Mercado nacional del usado, habitan tanto hombres como mujeres por igual. Aquí usted podrá encontrar tanto los populares "desinfectantes" que son las parejas ocasionales que sirven para limpiarse de las heridas del pasado; o, para ser más exactos, de la noche anterior. Los de tipo "Clorox" que son aquellas personas decentes, distinguidas, recomendables y valiosas que, aún así, no nos gustan ni cinco pero que usamos con el fin de "blanquear" nuestras dudosas reputaciones y frecuentes desatinos. Los de este tipo son tan pulcros y tienen el corazón tan limpio que lamentablemente lo único que logran es matarnos del aburrimiento. Allí también encontramos los muy desechables tipo Kleenex, los toallas de cocina, los de tipo Bon Bril, que tallan pero que duran… Y, por último, llegamos al más popular artículo de todos en esta sección: las de tipo Papel higiénico que son aquellas parejas que, literalmente, ¡no sirven para un culo! O, las también populares, tipo Jabón que son aquellas personas "epidérmicas" que después de estar con ellas, es tan poco lo que logran impactarnos, que sólo quedan un rato sobre la piel. Esas que, una vez bien despiertos y conscientes, después de que se han ido y, de habernos bañado, su recuerdo, cual espuma, también se diluye con el agua. ¡Próximo!

Sección panadería. Y llegamos así a la séptima opción. La última que les quedaría a aquellos hombres que aún están convencidos de su buena suerte. Los que creen que el mercado, allá afuera, está realmente lleno de buenas oportunidades para ellos a nivel sentimental. Por no pararnos bolas. O por flojera. O por no querer hacer grandes esfuerzos por conquistar lo que de verdad quieren sino lo que hay por ahí, a la mano, casi siempre terminan obligados a estudiar cualquiera de las aterradoras opciones antes mencionadas. Lo cierto es que en esta última sección, quienes en ella habitan requieren más trabajo. A estas personas, como con la masa, habrá que "prepararlas" previamente. Es decir, enviarles detalles, hacerles llamadas de vez en cuando para decir cosas que aparentemente les parecerán tan patéticas como: "Te estaba pensando..." o, "te quiero", ¡horror! Habrá que "amasarlas" también que es algo así como abrazarlas sin ninguna razón aparente y hacerles masajes cuando lleguen cansadas de la oficina. A esta masa definitivamente hay que ponerle huevos, porque se necesitará mucha valentía para seguir adelante a pesar de tanto esfuerzo. También habrá que "hornearlas", que viene siendo más o menos lo mismo que construir, con mucha paciencia, hacia apostarle a un futuro juntos. Ante lo que muchos caballeros del Mercado nacional del usado, tan acostumbrados como están a visitar otras secciones como la de pescadería, en donde la pesca milagrosa sigue siendo su plato favorito, protestarían: "Noo. ¡Qué pereza!". Ojo que en esta sección también habitan los roscones, ¿no?

En fin, ante tan aterradoras posibilidades, creo que hoy tampoco voy a mercar. Prefiero, como de costumbre, ¡pedir a domicilio!

CAPÍTULO 13

¡TIPOS DE TIPOS DE LOS QUE HAY QUE HUIR!

Las mujeres modernas nos hemos convertido en seres exigentes, es cierto. Que si no sabemos aún lo que queremos, debido a nuestra experiencia, al menos ya tenemos una buena idea de lo que no queremos en esta vida.

AUN A PESAR DE TODOS NUESTROS ESFUERZOS por lograr esa sumisión fingida, hay ciertos tipos de hombres con los que definitivamente no hay caso. Con los que fingir brutalidad o no, simplemente no funciona. A falta de sesos, estos tipos de hombre que mencionaré a continuación son una verdadera pesadilla. Una de la que deberemos huir si es que queremos ser, algún día, unas esposas moderadamente conformes, pero eso sí, ¡felizmente mantenidas! Algunos de ellos simplemente no valen ni su esfuerzo, señora, no insista. Todos los demás se pueden arreglar, pero estas categorías de hombres son virtualmente imposibles. ¿Para qué perder el tiempo con uno de estos si con tanta inestabilidad emocional, el Mercado nacional del usado, allá afuera, está repleto de ofertas y demandas? Para resumir las cosas, he elaborado, para ustedes, cuatro categorías básicas. Cuatro clases de hombres con los que uno no debe perder su tiempo.

El Peor es na. Ése es aquel pobre espécimen que uno convierte en el novio oficial mientras uno se consigue algo mejor. El que uno utiliza de carnada mientras se levanta algo que realmente sí valga la pena. El que uno conoce de toda la vida y ya se cansó de darle excusas para no salir con él. O el que acabamos de conocer y usamos alguna vez para darle celos a nuestro ex. El que muy seguramente besamos, sí, alguna noche, en alguna fiesta, pasadas de tragos y por puro despecho al ver a nuestro ex con la nueva novia, y el muy inocente se tragó el cuento de que podría funcionar. Ese que no nos parece ni buen mozo, ni buen conversador, ni buen bailarín, ni siquiera gracioso pero que sirve para que no crean que estamos ponchadas. Como a ellos, uno les gusta acompañadas. El Peor es na es con el que uno va a la fiesta de fin de año en la casa de los papás porque nos dejaron plantadas. Al que, con el cuento de que uno necesita tiempo para sacarse del corazón al otro, está dispuesto a esperar a que uno dizque aclare sus ideas. Este pobre hombre, bueno en intenciones pero malísimo para generar algo más que lástima, tiene tan mal puestos los pantalones, que uno nunca los puede considerar como algo más que un descache fugaz y momentáneo. Este espécimen no es el que nos genera respeto y admiración. Es el que, al contrario, nos da ganas de humillarnos al ir a la casa del ex novio para que nos vuelva a recibir, pero que no hacemos por puro orgullo.

El Pues tocó. Sábado en la noche. El teléfono no suena ni para recibir un "número equivocado". Más de tres meses de abstinencia y una tusa que amenaza con dejarnos inservibles. Hace meses que nadie nos invita ni a una menta. Nuestras amigas más cercanas todas se han ennoviado porque es típico que cuando una es la que tiene novio todas andan solteras, sin compromiso y pasándola increíble. Pero cuando una está sola, es como si todas se pusieran de acuerdo para conseguir pareja. El dedo gordo ya lo tenemos dormido de tanto canalear. Y lo peor de todo es que Sábados Felices nos empieza a parecer tan dramático como la más triste de las telenovelas. Tanto, que nos conmovemos en vez de reírnos en los *sketches* de humor. La pizza que pedimos para comérnosla sola y al menos así sentir que estamos haciendo "plan" no llega y para rematar la sudadera de tela de toalla ya nos empezó a tallar. En esas suena el teléfono y es aquel tipo, del que ni siquiera recordamos su nombre, ni su cara, ni mucho menos dónde lo conocimos ni cómo demonios se consiguió nuestro teléfono para invitarnos a salir: ¡pues tocó!

Nada peor que una bien soltera y llegar el lunes a la oficina sin ninguna historia buena que contar. A las mujeres que, entre otras, les encanta la competencia y untarle en la cara a sus supuestas amigas su supuesta felicidad, aman atormentarnos con sus historias de fines de semana idílicos en donde siempre el novio es perfecto, toman vino a la luz de las velas y hacen el amor con Barry White de fondo en algún paraje exótico que se esmeran en describir con lujo de detalles (exagerados o, en la mayoría de los casos, inventados). Todo para saber que sus fines de semana, con novio o sin él, bien podrían ser muy similares a los nuestros pero eso sí, acompañadas. El paraje exótico bien podría ser el garaje del papá, el vino podría ser refajo, Barry White, podría no haber sonado nunca, más bien champeta venteada porque al muy cretino se le ocurrió invitar a todos sus amigos a beber. La verdad es que ante semejante pesadilla de plan, mejor quedarse bien ponchada y comiendo pizza solas en casa pero, a veces, para defendernos de los comentarios fastidiosos y maliciosos de las demás a quienes les encanta vernos fracasadas y aburridas, un Pues tocó de vez en cuando sirve aunque sea para pasar el rato.

El Ya pa qué. A esta categoría pertenece el desincronizado. A ese con el que nunca logra coordinar nada. Ni una inocente encontrada a la salida de un cine siquiera. Ese que cuando una está sola, él está acompañado. Que cuando él está solo, uno ya casi está comprometida en matrimonio con otro. Ese que nos encantaba pero que poco a poco ha ido perdiendo puntos por inaccesible. Porque no sólo puede ser cuando ellos puedan, sino también cuando nosotras queramos. A este tipo de hombre nos los encontramos en todas partes y con el que nos armamos, en torno a él y a su conversación fugaz que casi nunca pasa de "¿hola cómo estás?", todo un rollo romántico en el que él es el protagonista de una historia de amor en donde deja a su novia y nosotras nos rendiríamos de amor a sus pies. Pero por mucho que nos encante la idea de conquistarlo, lo cierto es que eso nunca pasa. Con el Ya pa qué no hay el mínimo caso. La realidad es que a este hombre nunca le impactamos lo suficiente como para que se anime a luchar por nuestro amor. Para que cuando, eso sí, mucho tiempo más tarde al convencerse de lo contrario y se le despierte el amor dormido, vuelven a aparecer en nuestras vidas sólo para encontrarnos o ya muy enamoradas de otros, o absolutamente aburridas de tanto esperarlo. Y ahí sí ruega y pide cacao. Ahí sí nos suplican que le prestemos algo de atención y trata de convencernos con que esta vez sí es de verdad y para siempre. Lo lamentamos, ¡ya para qué!

El Ni por el pu. Éste sí que es el peor de todos. Aquel al que no le valen ni sus títulos universitarios en donde aparece laureado y con honores. Al que el puestazo que se consiguió no le sirve para levantar ni polvo en el desierto. Al que no le sirven ni sus buenas intenciones ni el tráfico de influencias permanente que maneje con algunos miembros clave y de algún peso en nuestra familia. Al que no le recibimos llamadas, regalos, carticas de amor o carteras finas de nombres virtualmente impronunciables, pues con eso uno no saldría ni locas. Es aquel pobre tipo con el que no tenemos química así aparentemente sea un buen partido. Con el que ni por interés saldríamos porque es todo un encarte. Ese que no nos parece ni remotamente atractivo, al que no queremos ni de amigo, pues después no vaya a ser que se enamore más y se aparezca otra vez con una serenata de trío de boleristas. Uno con esta clase de hombre no sale, pues uno con eso no sale ni pa'l putas.

Pero ojo que aún hay más. Es decir, podría ser peor. Siguiendo con las distintas categorías de tipos pesadilla a los que uno no puede ver, ni mucho menos ser vistos, he resumido en una lista con algunas de ellas. ¿Cuál es el suyo?

El Gracioso sin gracia. Este recreacionista de bazar, con complejo de locutor de bingo. El payaso, el cuenta-chistes de colectivo. Este tipo es una verdadera pesadilla sin fin. Ese es el animador de polladas que se saca de la billetera todo su repertorio de "chistes de salón" y que los tiene clasificados por categorías y todo: chistes verdes, chistes rojos, chistes de homosexuales, chistes machistas, chistes de paisas y, la favorita de todos, chistes de Juanito. Es ese que luego de sabernos de memoria todos sus chistes ya no empezamos a encontrarle ninguna gracia. El que pretende hacerse el simpático como si con eso lograra cierta aceptación social. El que a punta de chistes malos, logra desviar la atención al punto que sólo le piden que cuente otro evitando así que a alguien se le ocurra preguntarle por su trabajo, por ejemplo, si es que tiene uno. Con este tipo de hombre uno no quiere salir porque cuando a sus amigos ya les empieza a parecer repetitivo y más bien poco gracioso, por ahí mismo sale volando su interés también. Con ese uno anda por un rato mientras los demás le celebren sus gracias. A uno le encanta llegar acompañada o del brazo del *performer*, el *showman*. A falta de una estrella del *rock* o de un artista de cine, lo más cercano a una de nuestras más frecuentes fantasías femeninas, es indiscutiblemente un cuentachistes.

El Fantoche. Es casi lo mismo que un *Ken* pero peor porque es de ¡carne y hueso! Este sí se expresa y opina aunque sean puras estupideces. Este hombre es aquel *muñecón* que vive metido en el gimnasio comiendo hierro más por levantar viejas que por hacer ejercicio. Este es el que maneja un carro convertible último modelo pero que aún vive en casa de sus papás. O en el apartamento que aún comparte con otros dos compañeros de universidad. Y eso que ya han pasado varios años desde que se graduaron. En su hogar todo brilla, todo se ve nuevo. Sencillamente porque todo es nuevo. Tal como un apartamento modelo, frío, sin personalidad; todo en la vivienda de un fantoche está dispuesto para descrestar, para atrapar víctimas y para estrenar como su cerebro. Lo malo es que la licuadora la estrenará usted, así como la aspiradora, las ollas y todo lo demás que compró precisamente por si levantaba novia hacendosa. El Fantoche solo intenta conquistarla de acuerdo con sus referencias personales y laborales. Es aquel que tiene complejo de detective y, antes de conseguirse su teléfono, ya está bien dateado de si le conviene salir con usted o no. Para esta clase de hombre lo importante en esta vida no es ser sino aparentar. Lo malo es que también estará dispuesto a aparentar que la adora. Y, usted, a su vez, aprenderá de él a aparentar que es feliz.

El *Handyman*. O el bueno para nada que cree que sirve para todo. La verdad es que sus intenciones son buenas. Porque ¿para qué? De hecho trata de colaborar más que cualquiera de sus otros colegas en los quehaceres de la casa. El problema es que hace tanto ¡que marea! Es que quiere hacer de todo pero al final no hace nada. El problema es que sólo se queda en eso: en buenas intenciones. Y en un reguero de terror que, además, muy posiblemente le toque recoger a usted. El *Handyman* es aquel hombre que, mientras uno está viendo un programa en la televisión, él está ocupado martillando todas las paredes de la casa, pues se le ocurrió cambiar todos los cuadros de lugar. El que tiene un trabajo decente sí, pero, probablemente a diferencia de usted, muy poca ambición. Lo único a lo que aspira es llegar temprano a la casa para ver el noticiero mientras arregla la licuadora sobre la cama. El que mientras espera que le sirvan la cena, aprovecha para cambiar los bombillos quemados, subido en la mesa del comedor y sobre los platos, si es preciso. El que uno está de afán y va a salir para la oficina y cuando el carro no nos prende, descubrimos que fue a él, que durante el fin de semana, se le ocurrió la brillante idea de usar su batería para hacerle mantenimiento a la aspiradora.

Esta clase de hombre quiere hacerlo todo pero al final no sabe hacer nada. El que, si está casado, se ofrecerá a fumigar él mismo, con tal de ahorrarse unos cuantos pesos contratando a un especialista. El que, como sabe que probablemente ya está harta de que todo en su casa funcione pero a medias, quiere hacerse el indispensable para que usted no lo bote. El que, cuando son novios, desbarata hasta un balín pero no hay forma de que la ayude, eso sí, a armarle un escándalo al pintor que le manchó el sofá de la sala. "Te lo dije" es su frase favorita y, tal vez, la única, pues encima de todo son medio autistas.

El Ni lo uno ni lo otro. Este hombre es el más indeciso de toda la gama de hombres inseguros que existen sobre la faz del planeta. Este es el típico que ni lava ni presta la batea. El que no quiere negro pero detesta el blanco. El que no sabe si la quiere o si ya está aburrido de usted. El cíclico, el inconforme. El que uno sabe que aún es el marido porque parquea su carro al lado del suyo, pero que a la casa sólo va a comer. El que no quiere que le armen cantaleta pero que siempre llega tarde a la casa. El que no quiere que le pelee pero siempre se le olvida llamarla. Lo peor de todo es que uno termina enredada con este tipo de hombre porque tienen un poder de convencimiento del tamaño de un bus. Uno siempre le cree. Sus argumentos, aunque confusos, son siempre tan convincentes que uno no puede sino quedar convencida de sus *buenos* propósitos. No quiere que trabajemos pero tampoco nos quieren mantener. Quieren tener hijos pero a lo mejor no con una.

Es ese que cambia de opinión todos los días. El que un día adora a su suegra y al día siguiente le pide que no la vuelva a invitar jamás a la casa a almorzar. En resumidas cuentas, el que nunca sabe lo que quiere hasta que ya es demasiado tarde. Es decir, cuando usted ya se cansó de tanta indecisión y "decide" dejarlo. Lo más peligroso de este tipo de hombres es que después de muchos años de casado, deciden que el matrimonio no era lo que él esperaba. Con argumentos como que cree haber desperdiciado toda su vida junto a usted y que al casarse cometieron el error más grande de su vida, la dejan siempre deshecha y sin ningún panorama alentador por delante. Son los que no logran superar la crisis de después de los 40 y la dejan a usted para que cargue con la culpas de su infelicidad. En el peor de los casos, después de los cuarenta, ¡a veces también descubren que ya no le gustan las mujeres! El típico punto G: si no es guache es gay. Fijo.

El Pesadilla recurrente. Este hombre, seguramente pariente lejano de O.J. Simpson, de Freddy Krueger o del mismísimo Idi Amín, es el que sin más justificación alguna más que su deficiencia hormonal, nos maltrata como a un trapo viejo. Es el que grita, insulta y ni siquiera logra medirse en público, así se lo supliquemos. El de los ataques injustificados de celos. El que, si uno es medianamente inteligente, nos pone a pensar: "El que lo hace se lo imagina". El caso es que este inseguro espécimen es el que nos encanta tanto como nos desencanta su explosivo mal genio. Ese que después de haber metido la pata hasta el fondo, al punto que ya no queremos verlo más, vuelve a atacar con alguna nueva y conmovedora estrategia. El problema es que, a menos que usted quiera romper con ese malsano ciclo en el que se le ha convertido su vida desde que lo conoció, él seguirá adelante con el mismo comportamiento sospechosamente repetitivo y dañino. Pelea, reconciliación. Grito, pelea, otra reconciliación. Grito, *show* de celos, pelea, muñeco de peluche, reconciliación… Y así. Esta clase de tipo es una pesadilla, pues nos confunde demasiado. Porque a pesar de que a veces son tan fuertes las discusiones que uno ya no los quiere volver a ver ni en sueños, al día siguiente se aparecerá en la puerta de su casa, detrás de algún oso de peluche con cara de ternero degollado y usted no tendrá más remedio que volver a caer. Por un lado, es un energúmeno espantoso, pero por otro, también puede actuar como el hombre más detallista, considerado y cariñoso que haya conocido. ¿Qué hacer? ¡Quédese con los regalos y mándelo a la porra!

El Criminal. Este hombre se pasa la vida matando, una por una, las ilusiones de todas las mujeres con las que se atraviesa en la vida. El que las seduce, las enamora, les muestra lo maravillosa que puede ser la vida con él a su lado… pero también le enseñará lo miserable que puede ser la misma una vez la haya dejado, por otra. Este caballero conquista por deporte con verdadera convicción de goleador. Sale a meter, pero de ahí no pasa. Este tipo de hombre seductor y experimentado nos resulta especialmente atractivo debido a que para la gran mayoría de mujeres en el mundo, no hay una sensación más satisfactoria que pertenecer a un exclusivo harén. Es tal la reputación de galán de esta clase de hombre que uno llega a sentirse mal si ha salido con todas nuestras amigas y todas nuestras conocidas y no con nosotras. Por eso, casi sin importar lo mal que les haya ido a ellas con él, que casi siempre las deja iniciadas y alborotadas, nos atrevemos a salir con él, tal vez con la secreta intención de hacerlo cambiar. Lamento informarles señoras que este tipo de hombres nunca cambia. Como tampoco cambian los demás. Como tampoco cambiamos mucho nosotras, así aseguremos lo contrario.

Luego de salir con él por varios meses, porque su dedicación es esmerada y su entrega, así sea momentánea suele ser total, la llevará a los mejores restaurantes, la paseará de su brazo por los mejores eventos y las mejores fiestas y, por un momento, usted de verdad creerá ser el eje central de todo su universo. La exhibirá, cual trofeo, porque eso sí, este tipo de hombre no sale con nadie que no pueda mostrar y es más bien selectivo. Algo que nos encanta de él. Por eso, sin querer, accedemos a ser parte de su club de futuras *ex*, porque nos hará sentir como que haber sido tan tontas de dejarnos partir el corazón por él es todo un honor. Las mujeres definitivamente somos unas masoquistas.

El Carcelero. La conoció en una fiesta rodeada de amigos. Le comentó que lo que más le atraía de usted era su risa contagiosa y la forma tan desparpajada con la que hablaba en público. En eso tiene razón, con la que "hablaba" porque hasta eso le tiene prohibido. Aunque lo conoció con amigos y, en ese entonces era *el alma* de todas las fiestas, algo ha cambiado sustancialmente en él. Desde que son novios ya no quiere sacarla ni a la esquina, ir al gimnasio se ha vuelto casi imposible sin que la espere a la salida. O sin que se moleste porque su entrenador personal es mucho más alto y musculoso que él. A sus amigas las ha alejado por completo con tantos desaires que les ha hecho. De repente su teléfono dejó de sonar. Nunca más los volvieron a invitar a ninguna parte y usted se ha empezado a sentir como una ostra. Ni siquiera como la ostra dentro de un coctel que sería por lo menos una más divertida que en la que se ha convertido usted. Si por lo menos en su propia casa la dejaran escuchar música y, de vez en cuando, le permitieran tomarse un trago. Lo peor de todo es que, a pesar de que usted es supuestamente independiente y él no la ayuda ni a pagar el domicilio en la droguería que él pidió, su pareja tampoco manifiesta ningún interés en volver a salir de la casa en donde el plan favorito de todos los fines de semana siempre es el mismo: comer, dormir, ver películas. Porque si al menos sacara tiempo para hacer el amor de vez en cuando, pero es más bien perezoso en ese departamento.

Este hombre es el típico celoso que le revisa los mensajes en el buzón de voz de su celular. El que se molesta si no lo llama todos los días a la misma hora o si se demora más de la cuenta en la peluquería. Y ni siquiera le ayuda en casa… en su propia casa.

Entonces me pregunto: ¿qué espera para echarlo? Por qué tanta sumisión. Si ni la saca, ni la entretiene, ni le ayuda, ni la apasiona siquiera, ¿por qué sigue ahí metido en su casa? ¿No se ha dado cuenta todavía de que usted no es la novia sino la "prisionera"? Advierto, además, que las cosas se ponen peor si por casualidad se le ocurre casarse con él. Su espíritu ermitaño podría, incluso, incrementarse. A lo mejor la del problema es usted, porque por más que lo intento, no logro entender su secuestro voluntario.

El Piñata. Este tipo de hombre es toda ¡una cajita de sorpresas! Además, así como las piñatas, ¡están llenos de maricaditas! Después de enamorarla a punta de chistes, de salidas a bailar, de aquellos paseos increíbles, ahí sí empezará a descubrir cosas tan terribles como: que tiene una novia a la que dejó embarazada. Que estuvo preso en alguna cárcel de Bolivia. Que es un prófugo de la justicia en Somalia. Que es alcohólico. Que consume drogas distintas a la aspirina. Que su familia lo ha desheredado. Que su nombre verdadero no es Juan y que su cédula falsa pertenece a algún difunto de Tibacuy. Que es "¡¡¡Bi!!!". Cuando usted cree que ya no puede con más impresiones en un mismo día, se entera de que ese apartamento nuevo, el que supuestamente acaba de comprar y que aspira a compartir con usted, ¡no existe! Como tampoco existe su fortuna. Ahí mismo usted empieza a sospechar que la razón por la cual le pidió que le permitiera quedarse en su apartamento por unos días, hace ya casi cuatro meses, ¡es porque no tiene un quinto en qué caerse muerto! Lo peor de todo es que después de semejante encarte, no lo puede sacar de la casa porque le da pesar. ¿Quién nos entiende?

El Mueble fino. ¿Se acuerdan de aquel tipo que les fascinaba en el colegio? ¿Ese que siempre le gustó pero que nunca pudo pasar nada entre los dos porque él siempre tuvo novia, porque usted se cambió de colegio y porque luego le perdió la pista? ¿Qué habrá sido de aquel amor platónico? ¿De ese que la desvelaba por las noches mientras hacía las tareas? ¿Ese que aún prefiere recordar con nostalgia, especialmente cada vez que pelea con su novio actual? "¿Qué habrá sido de él?", se pregunta en las noches de desvelo. Nada para matar una ilusión como volver a encontrarse a ese mismo amor juvenil, varios años después y tratar de revivir la llama de la pasión que ya se extinguió hace años. Una amiga se encuentra con él en una conferencia, él, lógico, le pregunta por usted, le da su teléfono y ella la llama automáticamente a contarle sobre su encuentro con su amor de adolescencia. Usted, lógicamente, se muere de la emoción. Bien ponchada que está desde hace meses, o bien encartada con su novio actual a quien ya está a punto de mandar a freír espárragos, se vuelve a encender en usted la llama de la ilusión.

La tan esperada llamada llega el día menos pensado, y usted se pone tan nerviosa que le tiemblan las piernas y todo. Seguramente la invitará a cenar y usted, posiblemente, dirá que sí. Usted va a la peluquería, se perfuma hasta las cejas, se compra ropa nueva y hasta estrena zapatos para el gran reencuentro. Cuando le avisan que llegó, usted se apresurará a bajar las escaleras como toda una princesa de ensueño dando brinquitos, batiendo pestaña y posando a lo Ava Gardner, para lograr que su aparición sea realmente triunfal. Cuando abre los ojos y dice el primer "hola", con tono de voz impuesta, se da cuenta de que frente a usted está un hombre que le parece conocido pero que para nada es el que usted espera. Finalmente lo reconoce pues él le dice su nombre. ¡Qué decepción!

Nada queda de su amor platónico. Se ha convertido en todo un "Mueble fino": está "bien acabado". Sí, los años lo han tratado mal. Esos mismos años, al parecer, no sólo le han pasado... por encima. Sino, ¡se le han quedado todos allí! Durante la cena, probablemente le cuente que está recién separado y que, mínimo, tiene tres hijos. Pero ese no es el problema. Aparte de haber perdido casi todo el pelo, de usar gafas gruesas, de estar gordo y muy barrigón, usted lo encuentra excesivamente aburrido. Ya no la hace reír como recordaba que lo hacía antes. Ha perdido el sentido del humor y se ha convertido en todo un amargado. Usted, en cambio, soltera aún, se ve regia. A él le cuesta trabajo entender por qué no se ha casado. A usted también. Sin entrar a dar mayores explicaciones que ni siquiera vienen al caso y que tampoco le interesará dar, pues son realmente justificaciones absurdas y complicadas, lo único que piensa en ese momento es que afortunadamente nunca pasó nada con él. Final del reencuentro.

El Héroe de turno. Este hombre es todo un héroe, en la calle. En casa, no se le ocurre ni ayudarla a correr una silla. Y esto es lo que más piedra nos da de terminar encartadas con uno de este tipo. Este es el que detiene el carro para ayudar a una anciana a atravesar la calle, especialmente cuando en el carro de al lado está mirándolo una rubia despampanante. El que se ofrece a voltear las hamburguesas en la parrilla durante el asado donde los vecinos que lo invitaron el fin de semana. Pero que en casa es incapaz de abrir la nevera siquiera y sacar un yogur. El que se ofrece a jugar con los niños en la piscina del hotel, con los propios y los ajenos pero que, en casa, nunca se ofrece ni a ayudarles con las tareas. El que ayuda a la vecina a bajar el gato del árbol pero que en la casa no es capaz de subirse a una silla a cambiar un bombillo. El que insiste en pagar la cuenta de todos en el restaurante, y a usted en la casa, en cambio, le dice que no tiene dinero ni para pagarle una manicurista. En resumen, el que en la calle es un verdadero tesoro pero en casa es una ¡verdadera estafa!

El Hijito de papi y mami. Si con que sólo fuera el "Hijito de mami" tendríamos suficiente, ahora imagínese que es, al mismo tiempo, el "Hijito de los dos". Es decir, tiene características de sus dos suegros y eso la tiene a punto de un colapso nervioso. Este hombre con defectos heredados directamente de su mamá, es todo un niñito faldero. Es de los que le pregunta a la mamá hasta cómo y cuándo debe hacernos el amor. Si le convenimos, si le gustamos para ellos, si está bien que salga con nosotras. Es el que aún le pide prestado dinero a la mamá, el que cuando discutimos va directamente a pedirle consejo a la mamá. Y, por supuesto, es la razón por la que ¡la muy mamona nos odia! Qué mamera. Encima de todo, tiene también defectos heredados del papá que toca aguantarse si queremos seguir con él: toma cerveza, fuma puros dentro del carro con las ventanas arriba, cuenta chistes malos, trata a la mamá como un mueble y le fascina el plan de ver fútbol los domingos. Pensándolo bien, su principal defecto bien podría ser su papá, quien además nos mira con cierto morbo escote abajo. Quien hace comentarios impropios como: "Te has engordado, ¿verdad?". Y quien, cuando nadie lo está viendo, nos da aquellas simpáticas palmaditas de simpatía y complicidad que tanto odiamos... ¡en el trasero! De sólo pensar que de aceptar su propuesta matrimonial, de ahora en adelante todas nuestras fiestas de fin de año tendremos que pasarla en compañía de la familia Monster..., merece un automático ¡*no*!

Y eso por mencionar tan sólo algunos de los más grandes encartes con los que nos podemos topar ¡en esta vida y la otra! ¿Acaso tocará resignarnos a que el hombre perfecto no existe? ¿O más bien dejamos de quejarnos y aprendemos de una vez por todas que así como nosotras somos un manojo de defectos, también tienen derecho a serlo ellos? Tal vez, pero a nadie estamos obligando a que se encarte con nosotras, ¿entonces por qué deliberadamente íbamos nosotras a querer encartarnos con ellos? Sí, como dice mi abuela: tal vez la felicidad no se hizo para todo el mundo. Y después me preguntan que por qué soy tan pesimista. Entonces, para resumir, ¿cuál sería según las mujeres modernas el hombre ideal? ¿El modelo del hombre perfecto? ¿Ese por el cual estaríamos dispuestas a renunciar a nuestra preciada soltería? ¿A nuestra valiosa vida de mujeres asalariadas e independientes?

Soltero, aun despúes de los 35. Eso sí, no si es mayor de los 40 y aun no se ha casado porque en el gremio se ha popularizado la teoría de que es ahí cuando empezamos a sospechar que son *gay*. Que tenga un buen puesto en alguna prestigiosa compañía y que gane lo suficiente para mantenernos a los dos. Que viaje mucho para quedarnos solas en casa y a nuestras anchas. Que tenga buen sentido del humor, que se conserve bien de figura. Que disfrute ver telenovelas con nosotras. Que le guste pedir a domicilio, que nos saque por lo menos dos veces a la semana a cenar afuera. Que sea bien parecido, aunque no tanto porque tan bonitos ya no son tan atractivos y cuidarlos de que no nos lo quiten cuesta mucho trabajo y esfuerzo. Que le guste ponerse colonia, que no espere a que le digamos que la cara ya parece un pedazo de chicharrón para que se afeite. Que con su madre lleve más de tres años distanciado.

Que le gusten las fiestas de vez en cuando y que no le dé pe -reza ayudarnos a atender en la sala las visitas de nuestras amigas. Que, cuando queramos privacidad para hablar mal de ellos, de él mismo salga la prudencia de retirarse. Que sea detallista, que no se moleste si hablamos una hora o dos por teléfono si él está ocupado viendo televisión. Que nos dé dinero todos los meses para comprar todas esas cositas que nos gustan. Que no le guste el fútbol, sino que prefiera conversar con nosotras y escuchar música a la luz de las velas…. ¿Saben qué? Creo que voy a llorar. ¿Soñadoras o ilusas? No, el hombre perfecto definitivamente no existe. Así como la mujer perfecta tampoco existe. La realidad es que todo lo que queremos, en uno solo no existe, por eso es que toca conseguirse varios. O que aprendamos a conformarnos o a fingir que no somos ni tan brillantes ni tan exigentes, ni tan selectivas, ni nada y ¡conformarnos con el que tenemos! Finjamos que nos conformamos con lo que hay y les aseguro que la vida será mucho más fácil. ¡Esa es mi propuesta!

CAPÍTULO 14

¿LA MODA NOS INCOMODA... O NOS ARRUINA?

La moda es uno de los temas que más le aburren a ellos de nosotras.
Nunca logran entender por qué lo que para ellos es un capricho, para
nosotras es una "necesidad". ¿Para quién nos vestimos realmente?

NO SÉ SI ES SU CASO PERO, SI ES MUJER, COMO YO, seguramente adora la ropa. Compradora compulsiva soy, he llegado incluso a buscar ayuda siquiátrica, sólo para descubrir que mi sicóloga, Eugenia, es casi tan obsesiva con la ropa como yo. Fue así como descubrí también que el fanatismo por la moda es algo de lo que no debemos avergonzarnos, pues es más bien una condición genética femenina. Ya basta de sentirnos mal porque jamás tenemos la suficiente cantidad de zapatos. Así, de tantos que tengamos, ya hayamos empezado a guardarlos en sitios absurdos como ¡el baúl del carro, el garaje y la nevera! Lo que ellos no han logrado entender aún es que no podemos evitarlo y esa es la realidad. En mi caso particular, la ropa que me gusta no necesariamente tiene que ser la más costosa o de marca. El problema, lo confieso, es que de lo que me gusta, me llevo varios y en todos los colores. Las que compro deben ser más bien prendas con mucho estilo y actitud. Más que nada con lo que me sienta cómoda y con la que seguro haré voltear cabezas. Entre ellos y ellas, por igual. Porque aclaremos de una vez por todas que las mujeres ni nos vestimos ni nos arreglamos para ellos, sino para las demás mujeres. Y no porque seamos *gay*, sino porque nuestros respectivos maridos, novios, amantes o futuros ex novios ya están cansados de vernos. En cambio, nunca nos cansamos de mostrarle a la *competencia* allá afuera, quién es la mejor vestida, la de más estilo, a la que le luce mejor la ropa, ¡la más!

Siendo el ser humano un animal, como queda ampliamente demostrado en los programas del Discovery Channel, tal como en un ritual de apareo, antes de salir, las mujeres sacamos a relucir todas nuestras armas: el perfume más costoso, nuestros mejores accesorios, o joyas si las tenemos, los zapatos con el color y el estilo que vaya perfecto con el atuendo que llevamos puesto. El peinado que más nos favorezca y, por supuesto, la cartera ideal. El tema es que, a diferencia de lo que los hombres piensan, en nuestra mente nunca está la idea de seducirlos a ellos (menos cuando, tan poco selectivos como lo son, a través de los años nos han demostrado que les da igual salir con la guisa de turno, que con la perfectamente ataviada del club, si con un par de buenos melones les basta y les sobra…). Entonces, ¿para qué desgastarnos innecesariamente? ¿Para qué más nos vestimos si no es para envidiarlas a ellas? Y eso, señoras, nos cuesta mucho esfuerzo y, ni qué decir, dinero.

Históricamente hablando también, el tema de la moda entre hombres y mujeres siempre ha sido motivo de discusión. De trifulcas y hasta de peleas. ¡Si hasta en la época medieval los franceses nos robaban nuestras pelucas, mientras que en Escocia se ponían nuestras faldas! Y es que no hay nada más aburrido que la moda masculina. Siempre igual, siempre predecible, a pesar de que sus diseñadores se partan la cabeza tratando de innovar, la realidad es que, en la mayoría de los casos, ellos siempre lucen, temporada tras temporada, exactamente igual a la anterior. Las mujeres, en cambio, asumimos la moda como algo esencial en nuestras vidas. Es como si fuéramos una fuente inacabable de antojos que no escatimamos en esfuerzos por obtener.

La diferencia más grande que existe entre hombres y mujeres, en cuanto a moda se refiere, es que mientras ellos quieren, ¡nosotras necesitamos!

Por ello, mientras ellos cambian de ajuar, si es que lo hacen por lo menos una vez al año, tan sólo es para taparse del frío, de la lluvia, de la brisa o del sol. Nosotras, en cambio, no tenemos problema alguno en guardar, coleccionar, reformar y almacenar trapos casi por deporte. No hay una prenda que salga fotografiada en alguna revista de moda que literalmente no nos muramos por tener… ¡ya! Lo cierto es que, por más que a veces nos critiquen por materialistas (generalmente frente a todos sus amigos), a ellos también les gusta. Además, saben perfectamente la diferencia entre una mujer bien vestida y una loba: la loba les cuesta menos y muestra mucho más. ¿Cuál de las dos entonces será para ellos una mejor inversión?

El problema real es cuando dependemos de ellos, hasta para vestirnos. ¿Cómo lograr convencerlos de que estrenar ropa es más que un simple capricho para nosotras? ¿Que es casi una necesidad fisiológica? ¿Una igual que ir al baño, que dormir o comer? Tengo tantas amigas que prefieren, incluso, saltarse la hora del almuerzo en un buen restaurante, para comprarse una cartera. ¿Suena enfermizo? Lo es. En el caso de las mujeres que trabajamos es un poco más fácil que en el de las casadas: nos gusta, nos antojamos, queremos, nos auto-convencemos, en milésimas de segundo que *necesitamos*, compramos, nos endeudamos y posteriormente archivamos cuando ya nos lo han visto demasiado. Pero en el caso de la mayoría de las mujeres casadas, dependientes, que no trabajan o las dejan trabajar (al menos en paz), esa mujer que hasta para decidir si el almuerzo es carne o pollo debe consultarle a su mejor mitad, ¿qué debe hacer para suplir esa necesidad y estar siempre a la moda? ¿Acaso humillarse y salir con lo peorcito que tenga en el clóset para que de él mismo (por pura y física vergüenza con los amigos, para que no vayan a creer que le está dando mala vida o algo así) que debe darle dinero para renovar su anticuado vestuario? Es un buen comienzo.

Recuerde que la única forma de lograr algo con ellos siempre será utilizar la psicología pero a la inversa. Si se le ocurre pedirle de frente que le regale algo, seguramente le dirá que no lo necesita, que en el clóset tiene uno igual, que para qué. Y si la cosa se pone peor, usará argumentos más fuertes como: "¡No seas caprichosa, mujer!". Y eso sí que nos puede sacar la piedra. Pero, en cambio, si aprende a fingir algo de sumisión y, cuando él por fin le ofrezca el cambio de ajuar, remátelo con un: "Te lo agradezco, mi amor, pero no lo necesito. ¿Para qué te vas a gastar esa plata en mí?". Eso sí que los mata… ¡pero de la dicha! Ahí sí que erróneamente empiezan a creer que nos tienen en sus manos ¡y nosotras a manipularlos! Y esa es la mejor estrategia si no quiere trabajar y lo que prefiere es que la mantengan. Suena aburrido, eso sí, tener que hacer tantos esfuerzos para conseguir de ellos los que necesitamos. Pero tómelo más bien deportivamente. Asúmalo como un juego y eso sí, recuerde que a pesar de que las mujeres que trabajan tienen más poder de decisión, el esfuerzo para conseguir por sus propios medios el dinero para sus cosas es mayor aún. Créame que si lo asume así, hasta fingir un poco valdrá la pena para conseguir lo que quiere. Recuerde también que el fin justifica los medios.

En el momento en el que él se esté quejando de lo mal de ropa que está, es ahí cuando usted debe comentarle que usted también lo está. Y eso sí, asegúrese de hacerle pasar unas penas espantosas; en público, por supuesto, para que cuando organice la próxima cena con sus amigos, sus esposas y el jefe de él en su casa, sálgale muy propia y muy segura de sí misma, en sudadera, calentadoras ochenteras tipo *Flashdance*, zapatos mal embetunados y el suéter de su bisabuela Ana que, entre otras, ya tiene más de ocho años de fallecida. Debe contemplar la posibilidad de que, como a todas, su vanidad podría traicionarla y hacerla dudar en salir a la sala con un atuendo tan atroz. Pero créame que los resultados son fantásticos.

Especialmente si esa comida que fingió que preparó sin ayuda, la que más bien compró ya hecha en algún restaurante sin que él lo supiera, está deliciosa. Así seguro que logrará y mucha simpatía a su favor.

O si no sálgale directamente sin ropa. Cuando todos se escandalicen y le arme escándalo, fingiendo toda la ingenuidad de la que aún pueda ser capaz, dígale que literalmente no tiene nada qué ponerse. A ver si ahí sí le para bolas.

La otra forma que se me ocurre y que algunas de mis amigas aún casadas ponen en práctica y les funciona a las mil maravillas es aprender a administrar muy bien sus "deberes" en la casa. La noche que le pida un vestido nuevo y él se niegue, finja algo así como una migraña masiva, un derrame cerebral, un cálculo en el riñón pero ¡no permita que le toque un solo pelo! Ellos no son bobos. ¿Cruel? Tal vez. Pero también lo es ver cómo todas nuestras amigas casadas o solteras, mantenidas o asalariadas, usando la estrategia de su preferencia, estrenan ropas a sus anchas y usted no. Por culpa de un marido avaro, su aspecto, en vez de evolucionar con la moda y el tiempo, lo que está es como en la era del hielo: congelado en el tiempo. Perfectamente lo que es un antojo: un impulso o una atracción involuntaria que, desde ningún punto de vista se debe reprimir pues correría el riesgo de frustrarse. La frustración, a su vez, podría producirle dolores de cabeza, temblores, náuseas, vómito compulsivo, fiebre, ceguera, mal genio. Para así terminar en una inevitable depresión.

Otro truco. Invente e invite cualquier tarde a su casa, a un selecto grupo de amigos de confianza a un original *shower* de *clóset* en donde la finalidad será renovar su vestuario y humillarlo a él. Y no es que esta signifique que va a invitar a toda la colonia de amigos peluqueros que conoce a tomar el té en su casa. Es más bien que con una improvisada colecta de caridad a favor de usted misma en su propia casa, cuando él regrese de la oficina y la vea a usted muy sumisa recibiendo la ropita que caritativamente le entregarán sus amigos, con esa actitud de indigente, seguramente él entenderá el mensaje: usted necesita ropa. ¡Urgente! Pídale además a sus amigos que nada de ropa nueva y en papel de regalo. Que más bien le regalen ropa evidentemente usada y osada para que su estrategia surta aún más efecto. Pantalones estilo chicles pasados de moda en tela de leopardo, camisillas ombligueras en *lycra* brillante. Minifaldas en tela de toalla, vestidos de tafeta y con moños y lazos a la cintura. Camisas en transparencias y los *short* más cortos que hayan salido al mercado en 1974. La estrategia es obligarlo a que le reproche con un: "Tú eso no te lo vas a poner ni loca". ¡Bingo! Al muy avaro seguramente le dará vergüenza y hasta se atreverá a reprenderla por ese acto tan desesperado y banal, tan sólo para adquirir ropa nueva así sea vieja. Sin embargo, usted, fingiéndose la muy digna, se deberá limitar a defenderse contestando: "¿Pero qué quieres que haga si tú hace rato no me compras nada?".

Entiendo que aparentemente sería mucho más fácil conseguirse un trabajo para no tener que pedirle un solo centavo y comprarla uno misma pero el sabor del triunfo jamás sería tan dulce. Sin tanto esfuerzo como tener que madrugar, manejar hasta la oficina en medio de tráfico pesado y trancones, atender teléfonos y clientes babosos en la oficina a los que le toca sonreírles a pesar de que le caigan gordos, usted desde la comodidad de su hogar también podrá estar a la moda sin tener que salir de la casa más que para ir a la *boutique* más cercana. La que se las da de la muy inteligente se compra, sí, su propio vestuario, pero corre también el riesgo de hacer tanto esfuerzo para terminar vistiéndose para sus amigas, pues a ningún hombre le gusta apreciar el buen gusto de la auto-suficiente. De la que según ellos es una arrogante, prepotente, que se puede dar el gusto de comprarse por sí misma lo que le da la gana y cuando le dé la gana. No, a ellos les gusta que finjamos que los necesitamos. Que les pidamos, que les supliquemos y que les armemos pataleta cada vez que no nos resulte fácil convencerlos de algo. Lo bueno es que al final siempre terminan cediendo, pues logramos así que se sientan con el control. Y ese control del que tanto se vanaglorian, es precisamente nuestra arma secreta contra ellos. La que le volteamos para poder manipularlos.

La mujer realmente inteligente, es decir, aquella que ya ha practicado y domina a la perfección el arte de fingir que es una bruta, trabaja, se ahorra todo su salario para gastárselo en ella misma y, sin embargo, finge que nunca le alcanza para nada y por ello debe recurrir frecuentemente a él. Aunque ambos extremos son malos: o ser totalmente autosuficientes, o completamente dependientes, aprendemos de las mujeres realmente inteligentes que, así como los orgasmos, hay que fingir a veces para no sacrificar ninguno de los beneficios que nos brindan ambas situaciones. No dejar de trabajar pero fingir que aún los necesitamos. ¡No importa el cómo, lo importante sigue siendo el qué!

Ahora, si todo lo anterior falla, no deje de fingir un robo en la casa. Uno en el que curiosamente le robaron toda su ropa. O una inundación en donde se le dañó todo lo que tenía, por culpa de la tubería vieja del baño que tampoco ha querido cambiar. O directamente tome el asunto por sus propias manos y organice toda una tragedia memorable para poder así lograr su objetivo: incendie la casa con todo lo que tiene adentro, salvo sus joyas, sus efectos personales, sus cremas, y el suéter que más le gusta. Ahí sí verá cómo le tocará salir corriendo a comprarse y a comprarle ropa.

CAPÍTULO 15

ELLOS Y LA MODA... ¡PERO EN SU CONTRA!

SEGURO A ELLOS LES PODRÁ FASTIDIAR MUCHO el tema de la moda y la importancia que nosotras le damos a cuanto trapo se nos ocurra comprar pero, así como a algunas de nosotras nos atropella la tecnología, a algunos de ellos los atropella la moda. Es simple cuestión de respetar cada uno su territorio. Si nosotras no nos metemos en cuestiones de mecánica, que no se metan ellos en cuestiones de moda. En otras palabras, si nosotras no nos metemos a arreglarles el motor de su carro, ¡que no se metan en nuestro clóset! ¡Ni que nosotras intentemos ser Bill Gates, ni que ellos traten de ser Valentino! Y así lograremos entendernos finalmente algún día. Inevitable, eso sí, opinar sobre algunas prendas que ellos se ponen. Autoridades, como lo somos en el tema de la moda, sus desatinos, algunas veces nos... incomodan.

Cuando a ellos se les da por estar a la moda, generalmente cuando pasan de cierta edad y se les da por volver a sus años mozos, a veces nos llevamos cada desagradable sorpresa. Los desatinos son frecuentes. La mayoría de ellos desarrollan un daltonismo crónico y la vergüenza que nos hacen pasar en público podría adquirir visos de desastre. Nada mejor que un hombre bien vestido. No necesariamente de saco y corbata. Ni el que hasta en la casa crea que ser elegante es andar cual oficinista así sea de Wall Street. Ellos también deberían aprender a vestirse para cada ocasión. El hombre elegante es aquel que, sin mucho esfuerzo, siempre logra verse cómodo y más que nada con mucho estilo. Preferiblemente no de "Andrés lo viste", sino su estilo propio. Aquel que no le da miedo estar a la moda y que lo que traiga puesto siempre lo combine con detalles clásicos y de muy buen gusto. Ese hombre que logra vestirse de acuerdo con la ocasión y que no nos hace pasar vergüenzas en público. Es decir, el que sale de sudadera en una fiesta familiar. El que va a la playa con medias. El que le llega a uno en *short* a un asado en clima frío dizque porque así iba a estar más cómodo. El que le llega a uno a la casa de los papás a conocerlos en overol de carpintero. Creo que sólo con que no nos hicieran pasar penas en público nos bastaría, pero no siempre se logra. Son varios los fiascos y los casos que hemos visto y sobrevivido. Por ejemplo, nada peor que un hombre en cualquiera de sus siguientes manifestaciones *fashion*:

LA TANGA NARIZONA

No sé bien a quién demonios se le pudo ocurrir inventarse una prenda de vestir tan infame. Una tan poco erótica y anti-estética como lo es la tanga narizona. ¿Quién dijo que exponer públicamente lo bien o mal dotado que se esté es siquiera remotamente sexy? Y tampoco es necesario ser precisamente un experto en moda para definir que no hay nada más desagradable que el deplorable espectáculo de tener que ver a un hombre, perfectamente útil y servible (en términos femeninos, claro está), degradándose de tal forma. Una tanga narizona es, en resumidas cuentas, un calzoncillo ajustado, de tela barata, que se usa chiquito para que se les vea *grande*. Con un sinnúmero de diseños entre los que se encuentran modelos como: El sicodélico de Chapinero, El fosforescente demente, el Leopardo salvaje, el Asesino en serie y, por último, uno de los más populares del mercado: el modelo Desilusión que es ese que además ya viene con relleno incorporado. Sin palabras. Sin aliento. ¡Sin vergüenza!

Tarzán, el rey de la selva y del mal gusto, no sé si fue el impulsor o más bien el culpable de esta moda masculina tan criminal. Pero lo que sí sé es que al menos el hombre mono tenía la decencia de ponerse un taparrabos holgado y aparentemente más cómodo con el que cubría sus partes nobles de la caliente Jane y para evitarse problemas con la no menos traviesa Chita. Muchos le siguieron el paso a través del *hall* de la infamia: Kapax, Supermán, Batman, Robin y, por supuesto, Oswaldo Ríos. Pero una cosa es andar en ropa interior ajustada salvando el mundo de tragedias inimaginables y otra, muy distinta, es pasearse por un balneario piscinero ostentando iluso, embelesado consigo mismo, tan patético atuendo.

Entre sus diseños los más populares son, contradictoriamente hablando, los más impopulares entre las *féminas* que nos burlamos de quienes osen, valga la redundancia, hacer el *oso* en público de semejante manera. El modelo Desilusión, por ejemplo, es, como dije antes, el que ya viene con relleno incluido, al mejor estilo de nuestros Wonder-Bras. Esos *brasieres* diseñados supuestamente para realzar la belleza y el tamaño del busto que tanto se han popularizado en el mundo entero. Claro está que en el caso de estos adefesios, estos criollos modelos chapinerunos de interiores, lo único que realmente realzan es la vergüenza. Propia y ajena.

Si a ello le sumamos que frecuentemente quienes lucen dichos esperpentos son generalmente flacuchentos, blancos, lampiños, con un ego sólo comparable con el tamaño de los cuernos que les terminan poniendo sus víctimas al encontrarse eso sí con un tipo decente que use pantaloneta y no se las dé de "Papi Chulo de vereda", el problema adquiere visos de epidemia. Peor aún, para sumarle más a su desgracia, cual uniforme, usualmente acompañan su desatino con sendos tenis y medias que hacen que la experiencia cercana de cualquier tipo con un espécimen de estos, sea toda una tragedia visual.

El Asesino en serie es aquel que usan quienes creen dar con un modelo *favorecedor* y lo adquieren en una gran cantidad de colores y diseños matando a su paso todas nuestras ilusiones. Tonos populares como el Fosforescente demente, que es indiscutiblemente el favorito de las locas de las peluquerías del centro, el Uva perturbador, El verde Feliz como una lombriz, y el no menos popular y apetecido Azul *cool*. Que si para rematar viene en modelo hilo dental, pasa automáticamente a la referencia ¡Azul cool-O! El Sicodélico de Chapinero es aquel que viene en divertidos motivos como rombos, cuadros, triángulos o a rayas. El que, como particularidad, viene confeccionado en una tela *stretch* babosa y de dudosa calidad que curiosamente sufre un marcado desgaste justo en la parte delantera. Bueno, y en la trasera también. Después de la primera lavada, además, generalmente se llena de motitas. Y, en la playa, este modelo es el más incómodo de todos. Porque después de chapotear en el agua, se desacomoda. Es ese que al salir del mar o la piscina, al arrugarse inevitablemente su hombría ante el perverso frío, se escurre automáticamente casi hasta las rodillas, ocasionando así risas locas a su paso.

El Leopardo salvaje, por su parte, es posiblemente el preferido de los *body builders* de frasco. De esos especímenes de gimnasio que le deben sus músculos a las pastillas y a los esteroides que consumen a diario. No propiamente al ejercicio real. El estilo Cebra, el Tigre de Bengala, el Jirafa y, por supuesto, el más popular de todos, el modelo Leopardo son, de lejos, los más vendidos, los que más demanda tienen. Además vienen en una amplia gama de colores en donde el dorado es rey.

Con los dientes destemplados y, como conclusión, gracias a la oportunidad que tengo en las páginas de este libro, aprovecho para lanzar una campaña contundente en contra del uso y del abuso indiscriminado de la tanga narizona. La opción del "No a la tanga narizona" ha debido estar incluida en el referendo. Deberían extraditar a quienes osen usarla dañando así el paisaje natural de nuestras playas y de nuestras habitaciones. La policía nacional, a su vez, debería tomar cartas en el asunto impartiendo multas millonarias y lanzando al calabozo a quienes tengan la osadía y el descaro de creer siquiera por un instante que la tanga narizona es siquiera remotamente *sexy*. En las próximas elecciones, deberíamos votar por el candidato del partido que sea, que prometa incluir dentro de su programa de gobierno la erradicación del país de esa plaga. O, que las quemen como hacen con los laboratorios de coca porque, créanlo o no, representan más o menos la misma amenaza social. Que la rieguen con glifosato, que Estados Unidos entre en el país a invadir las playas, los balnearios, las piscinas públicas o privadas y las habitaciones en donde la tanga narizona pulula a sus anchas causando destrozos y terrorismo visual a su paso.

EL TENIS DE BOTÍN, LA MEDIA PLAYERA Y OTROS DESASTRES DE LA MODA MASCULINA

Y siguiendo con el tema de la moda masculina, nada para reconocer a leguas a un turista del interior como cuando usan su sello particular en clima caliente. Y es que en la playa no sólo a las mujeres nos pasan al tablero para saber (y para poder comentar con los amigos) si pasamos la prueba del agua o no. Es decir, si estamos bien de figura. Si nuestro busto está caído. Que si es operado o no. Si tenemos estrías, celulitis o cicatrices. Si estamos bien de cola o si más bien somos nadadoras: nada por delante, nada por detrás. Ellos, en materia de estética y belleza, ¡saben… demasiado! Y ese también es uno de los mayores problemas que enfrentamos las mujeres modernas: que ahora todos los hombres tienen complejo de cirujanos plásticos. Pero lo interesante es que no sólo ellos lo hacen. También nosotras nos hemos vuelto mujeres exigentes en cuanto a la belleza masculina se refiere.

¿Venganza? No lo sabría decir exactamente pero resulta muy entretenido analizarlos también mientras no se dan cuenta. Fíjese bien la próxima vez que esté en algún sitio público. En cualquier rincón de la playa, o del centro comercial o del parque, habrá una mujer que muy disimuladamente, detrás de sus oscuras gafas de sol, mantendrá los ojos bien abiertos. Y no es que ande en plan de conquista. Es sólo para evaluar, calificar y descuartizar, si es preciso, a cualquier espécimen masculino que se atreva a desfilar por algún espacio público en un atuendo poco menos que apropiado, por no decir ridículo. En cualquier lugar, siempre habrá una de nuestras camaradas atentas y listas para dar un reporte detallado y completo a las demás sobre cuáles son los posibles buenos prospectos y cuáles no. Y es que como también nos han enseñado que todo entra por los ojos, como a ellos, a nosotras de repente también nos parece importante que los tipos con los que salgamos se vean bien, se vistan bien, se sepan comportar en público y, por Dios, que sepan algo de moda.

Lo más interesante y peligroso que tenemos las mujeres no es propiamente nuestra habilidad para manipular o inventar mentiras creíbles a la velocidad de la luz. No, podría decirse que es más bien la red internacional de comunicación sin barreras y de contraespionaje que manejamos a nuestras anchas. Nada más divisar a alguno que nos provoque risas locas con su particular atuendo para que logremos que, como pólvora, se riegue la información y ninguna después quiera salir con él. Es decir, que acabemos con su reputación. La forma más fácil de desprestigiar a un hombre es, de lejos, caer en la lengua viperina de una mujer. Pero, entonces, ¿para qué dan tanta papaya? Nos critican a nosotras porque somos compradoras compulsivas y ellos, la mayoría, se visten de terror. Lo cierto es que a ellos sí les gusta que nos veamos bien para así poder lucirse frente a los amigos. Pues a nosotras también nos gusta que ellos se vean bien para nosotras poder lucirnos frente a las nuestras.

Muchos hombres, convencidos como están de su masculinidad a toda prueba, olvidan por momentos que la moda, aunque a veces incomoda, es un tema tan delicado para las mujeres. Tanto que, mucho más que evaluar la eficiencia de sus neuronas o sus pericias en la cama, lo que a casi todas nos interesa, cual trofeo, es poderlos mostrar ante nuestras amigas. Para envidiarlas, básicamente. Pero pobrecito aquel que tome el tema de la moda tan a la ligera que se atreva a avergonzarnos frente a nuestras rivales. Ellos se burlan de nuestros moños, de nuestros pantalones si ya no aguantamos los descaderados, de nuestros zapatos de tacón puntilla y de la mayoría de nuestros accesorios. Pero nosotras también tenemos algo que opinar sobre la moda de ellos. Estas son entonces algunas de las prendas masculinas que deberían erradicarse de todos los clósets del mundo. Para ver si con mejor gusto para vestirse logran despertar nuestra pasión. Para ver si así se logran salvar algunas relaciones.

¡UN CANALLA EN LA PLAYA!

Uno de los mejores ejemplos que existen es el de aquellos hombres que en su ciudad, todos uniformados, disfrazados de contadores públicos, que con saco y corbata se ven guapísimos pero que, al aceptarle una invitación a tierra caliente, al salirnos de camisa hawaiana de palmeras, tenis de botín y medias, hacen que se nos muera automáticamente la pasión. Señores del interior del país, ¿qué les pasa? Los tenis en clima caliente no se usan con medias más que para practicar algún deporte. ¡Y las raqueticas de playa no cuentan! De hecho, los tenis no son para ir a la playa, para ello se han inventado las sandalias, las chanclas plásticas o de cuero o de tela y, por supuesto, los mocasines. Pero nada peor que le salgan a uno de pie blanco y empolvado, cual cucaracha de panadería. Mucho, muchísimo menos frente a las amigas.

La corbata es también un tema que inevitablemente debemos tocar. Aunque repito que prefiero salir con alguien cuya profesión no implique el uso y el abuso de la corbata, lo cierto es que lo ideal es salir con alguno que trate de evitarlas al máximo, pero que, cuando le toque, se vea impecable y no disfrazado. Nunca se le ocurra la mala idea de ofrecerse a escogerle una corbata. Créame que lo mejor es que él crea que la que él seleccionó es la más varonil de todas. Y eso sí, desde ningún punto de vista vaya a soltar la risa. Usted, más bien, sólo limítese a fingir admiración. ¿Cómo opinar sobre una prenda incómoda e inútil que la mayoría de nosotras no sabemos para qué demonios sirve? ¿Para qué, si todo el mundo sabe que las corbatas limpias siempre atraen la sopa? Y luego, encima de todo, por detallistas, ¿nos toca clavarnos el cuchillo para terminar lavándolas? ¿O dígame usted cuál es la función de un pedazo de tela colgada al cuello? ¿Para taparse el cuello del viento y no le dé gripa? ¿Para remplazar al ya casi extinto pañuelo y se puedan sonar la nariz disimuladamente en horario de oficina? ¿Para limpiarse las gafas? ¿Para medirle el aceite al carro? ¿Para usarla como servilleta después de almorzar en la oficina? ¿Para sostener la camisa? ¿Para ahorcarse?

¿Para qué demonios sirve una corbata, insisto? El caso es que la popular prenda masculina no nos genera ni siquiera simpatía, pues tampoco le hemos encontrado mayor uso a nuestro ajuar personal. Así como nos gusta usar a veces sus camisas, o sus pijamas que son mucho más cómodas que las nuestras. Así como les sacamos sus medias del cajón y nos la ponemos para dormir, ¿para qué nos podría servir una corbata? Bueno, tan creativas que somos, últimamente las estamos usando de cinturón, pero ese es otro tema. Además, ¿quién los entiende? Se burlan de nosotras porque nos gusta Hello Kitty y todos esos muñequitos y otras pendejadas. Pero no se dan cuenta de que los diseños de las corbatas de ellos sí que son a veces ¡súper *gay*! Las hay rosadas o amarillitas, con pollitos, elefantitos, patitos, conejitos y pececitos de colores. Por eso le digo, deje mejor que él escoja y por lo menos así siempre tendrá la excusa de que usted no tuvo nada que ver con su mal gusto.

EL *look* LEÑADOR

Otra prenda masculina que nos aterra pero que nos aguantamos de acuerdo con las circunstancias es el pijama a cuadros. Nada que mate más rápido nuestra pasión que imaginarnos estar metidas en la cama con un leñador pudoroso. Es como hacer el amor con el mismísimo Súper Mario Bros. Lo ideal sería que durmieran sin nada, pero como desgraciadamente no toda la vida se verán como un Adonis, ni tendrán las abdominales marcadas (si es que alguna vez las tuvieron), ni sus colas serán tan firmes y duras. Entonces sí que se tapen según vaya tratándolos el paso del tiempo, pero que por Dios nos tengan algo de consideración. Encima de todo, cuando las usan térmicas y abotonadas hasta el cuello, el mensaje que recibimos no es para nada alentador. Recordar además que otro de los, no sé si otro de los atributos o defectos, que tenemos todas las mujeres en el mundo o no, es que por muy ocupadas que estemos físicamente, nuestra mente al parecer nunca lo está y por eso nos embarcamos en cada película de terror. Nuestras mentes siempre estarán suficientemente desocupadas para inventarnos mil historias de horror en torno a ellos y a lo que significan sus palabras y sus gestos. Y ser tan elementales también les da una amplia ventaja frente a nosotras. Por ejemplo, en el caso que nos interesara, si al preguntarles por qué una pijama tan *tapada*, a lo mejor nos dirían que porque hace frío. Nosotras, rápidas mentalmente como lo somos en la mayoría de los casos, automáticamente interpretaríamos el comentario como: "¿Tiene frío? ¿Acaso le parezco muy fría? ¿Se ha empezado a enfriar la relación? ¿Acaso con este gesto está tratando de decirme algo?".Y así nos pasamos la vida tratando de descifrarlos cuando en realidad uno de los secretos masculinos que más han logrado dominar a lo largo de la historia es ser felices a través de la simplicidad. Un sí para ellos es un simple sí y un no, pues no tiene más significado que una negativa. ¿Entonces por qué matarnos pensando que siempre significa alguna otra cosa que no nos está diciendo? Tal vez por eso detestamos aquellas prendas que nos pongan a pensar demasiado. Por eso detestamos tanto el pijama térmico a cuadros y todo el *look* leñador que a ellos ¡tanto les gusta!

El *jean baggy*

De terror el hombre que, en vez de aquellos fabulosos modelos de *jeans* que a ellos se les ven tan bien (es decir, con los que sus colas se ven tan bien y que, incluso, a pesar de tener formas corporales tan distintas a las suyas, comenzamos a usar hace años para ver si así nuestras colas se veían como las de ellos), insistan en ponerse *jeans* varias tallas más grandes que las propias y en modelos muy poco favorecedores como el *baggy* bota tubo, para dar tan sólo un ejemplo. Esa prenda amorfa que los hace ver como bolsas de basura. Los que se suben hasta la cintura dividiendo la barriga en dos cual apartamento dúplex. Esos que generalmente vienen en tono azul clarito y que para rematar tienen bota tubo.Y, aunque lo cierto es que no todos los hombres logran verse como David Beckham en *jeans*, lo cierto es que deberían sacarle mejor provecho a una prenda que casi todos logran que se les vea bien. El modelo bota tubo, entre otras, a menos que su pareja sea el cantante, el guitarrista o el baterista de una banda de *rock* y responda al nombre de Mick, Paul, Fito, Charly o Slash, no deberá ser usado por el hombre del común, pues corre el riesgo de verse muy, pero muy ridículo. El ataque de risa de sus amigas puede además ser contagioso.

Y eso por sólo mencionar algunas prendas masculinas que no hemos podido lograr que nos gusten. Con las que ellos no han podido lograr conquistarnos. Y ojo, señores, pues es tan delicado e importante el tema de la moda que, aunque suene frívolo (lo cual además lo es, para qué negarlo), es uno de los factores más determinantes a la hora de salir con un hombre. Sí señores, ustedes nos gustan por su personalidad, pero los preferimos bien vestidos y cuidados. Nada que nos mate la pasión más rápidamente que un hombre descuidado. Nada que aniquile más nuestra ilusión de convivir con ustedes y que nos mantengan que se vistan como si su asesor de imagen y vestuario respondiera al nombre del mismísimo payaso Plin Plin.

CAPÍTULO 16

LO QUE SIEMPRE HAN QUERIDO SABER ACERCA DE LA MENSTRUACIÓN Y NUNCA LES HEMOS CONTADO...

Una cosa elemental que ellos necesitan saber para entendernos a nosotras las mujeres en el caso de la menstruación es que, después de mucho tiempo juntos, siempre es el peor día del mes.

¿QUÉ SE SIENTE TENER LA REGLA? A lo mejor de allí se deriva gran parte de nuestros problemas femeninos. ¿Y de nuestro inconformismo? ¿Por qué a nosotras sí y a ellos no? Popularmente conocida como *la regla*, *la visita* o la menstruación, como sea, sangrar profusamente en ciclos que se presentan (dependiendo de la víctima) cada 28 o 30 días, no tiene nada de divertido. Usted señora sabe perfectamente por qué. Quienes no lo saben son ellos.

Alguna conexión macabra debe existir entre la menstruación y la ley de Murphy, porque no es divertido que la ilustre *visita* nos llegue sin avisar y casi siempre en los momentos más inapropiados. Es decir, en la playa, en medio de un trancón, fijo en algún evento público o, peor aún, durante el *antes de* en una noche romántica. Encima de todo, como en el caso de cualquier huésped fastidioso, no sólo se queda con nosotras un buen rato, sino que, además, las secuelas de tan desagradable visita permanecen por varios días más. Es decir, cuando la regla se va, nos deja de regalo algo que se llama flujo. Que es algo así como el amigo intenso que lo visita a uno por unos días. Uno lo hospeda muy amablemente en su casa.

Y luego de que casi no pudo lograr que se fuera, ¡le deja a uno un montón de cuentas por pagar!

Por su parte, los cólicos que sentimos cuando estamos a punto de tenerla, son como dolores de parto. La diferencia es que no existe el factor *retraso*, como tampoco hay cerca curas para bendecir argollas, ni *baby showers* con regalos que nos ayuden a disipar el malestar. Ni siquiera, en la mayoría de los casos, hay un novio a la vista y ni qué decir del feliz acontecimiento de un ¡bebé a bordo! Es decir, es una especie de parto sicológico pero ¡sin regalos! Tener la regla es sentirse mal porque sí. De mal genio, porque sí. Fastidiadas desde el momento en que sabemos que va a llegar, amargadas durante su *visita* y malhumoradas por no saber ¡cuándo demonios se irá!

La sensación de usar un tampón, para los caballeros que seguramente también se atreverán a dejarse llevar por la curiosidad y leerán este libro, que no es más que un corcho vaginal para evitarnos vergüenzas públicas o para poder fingirles a ustedes que allí adentro no está pasando nada (especialmente con un biquini puesto), sólo es comparable con la de tener sexo con alguien que, encima de tenerla chiquita, ¡sabemos que no nos volverá a llamar! Ponérselo, además, es complicado y aparatoso. Hay mujeres que han adoptado técnicas raras como la de subirse a un banquito para que entre mejor. O la de acostarse en la cama, pues así duele menos, etcétera. Las que nos damos mejor vida, optamos por imaginarnos que estamos ante la experiencia de tener sexo con un extraño. Sólo que una vez nos introducimos el cilíndrico y, no muy bien dotado aparato, nos desilusionamos al comprobar que el tamaño "no es lo de menos" y que las baterías sí sirven para algo. Para rematar, luego de tener una especie de sexo virtual todo el día, al quitárnoslo, fin del romance. Lo peor de todo es la sensación de que el muy ingrato nunca volverá a aparecer.

Usar una toalla higiénica, por su parte, para las más profesionales y/o prácticas en el asunto, es algo así como llevar una papaya entre las piernas. Porque eso sí, una cosa es dar papaya y otra muy distinta es tener que cargar con un pesado bulto que de higiénico tiene lo que yo tengo de manicurista. Encima de todas las complicaciones que tenemos que asumir para sobrevivir a la tan inesperada visita, tenemos que aprovisionarnos de antemano con toda suerte de elementos higiénicos, así como dominar toda la terminología *reglística* del caso. Tampones, o tampax si el corcho vaginal es importado, protectores de *panty*, porque uno nunca sabe. Los hay del tipo convencional, los de tipo tanga y hasta los modelo hilo dental. Las toallas para el día y por supuesto las de por la noche que vienen extra-largas, cuales hamacas de San Jacinto, y con alas que no permiten volar ni la imaginación siquiera.

Eso sí, para que podamos llevárnosla mejor con nuestras parejas si es que pretendemos permanecer casadas y mantenidas, como sigue siendo el objetivo central de este libro, toca admitir que tener sexo con la regla, a diferencia de lo que ellos piensan, aparte de *colorido*, para muchas mujeres es fantástico. Lo que no es divertido en cambio es tener que asumir una actitud sumisa y de consideración hacia ellos, para no ofender a nuestra contraparte cada vez que queremos tener sexo a pesar de la fastidiosa regla. Como si el beneficio no fuera también para ellos. Muchas mujeres lo asumen erróneamente como si para ellos fuera algo así como "hacernos un favor" y jamás logran admitir que no sólo lo disfrutamos, sino que cabe la posibilidad de que ellos también. Lo cierto es que durante esos días, tenemos más ganas debido a que nuestras hormonas comprobadamente están más alborotadas y necias que durante el resto del mes. Lo mejor de todo es que es uno de los pocos momentos en los que ni siquiera nos toca fingir un orgasmo pues ni cuenta se dan si nos vinimos ¡o si nos estamos yendo!

Mancharse en público es una vergüenza sólo comparable con que lo dejen a uno plantado en medio de una fiesta y que el novio o marido se vaya, frente a todo el mundo, con la mejor amiga.

La gente ahí sí colabora: se aparta, murmulla y comenta nuestro infortunio entre risitas idiotas. Luego, sintiéndonos como unas perfectas fracasadas y, ni qué decir, rechazadas sociales, toca ahí sí ir a lamentarnos solas de nuestra desgracia mientras los demás se siguen divirtiendo. Generalmente a costa nuestra.

Para concluir, técnicamente y en la mayoría de los casos, por muy fastidiosa que sea, la regla sólo dura entre cuatro días y una semana. No es cierto que dure tres meses seguidos y, si lo tienen convencido de lo contrario, es muy probable que simplemente no se lo quieran dar. Lo gracioso en medio de tanta tragedia es que la mayoría de las mujeres en el planeta duramos toda la vida quejándonos de la maldita regla para que, unos años después, cuando se nos vaya definitivamente, todas también terminemos añorando ¡la *bendita* regla!

CAPÍTULO 17

LA TENEBROSA PRIMERA CITA

Algunas cosas que debe evitar si es que quiere que haya una segunda.

UNO DE LOS TEMAS MÁS COMPLICADOS con el que inevitablemente nos toca lidiar a las mujeres del mundo si queremos encontrar pareja algún día, si es que somos solteras, solteronas, separadas, divorciadas o viudas, es el de la cita romántica. Y si encima de todo esta es a *ciegas*, peor. Todas, por igual, soñamos con el momento en que nuestro teléfono suene para que se abran de par en par las puertas de nuestra ilusión por encontrar ese hombre ideal que tanto esperamos para complementar nuestras vidas. O para que nos mantenga. Usted verá. Lo malo es que esa primera llamada que tanto anhela, casi siempre llega cuando usted maneja por entre un túnel y se le pierde la señal. O cuando acaba de meterse en un ascensor. O, peor aún, preciso cuando acaba de meterse en la ducha y, debido al sonido del agua corriendo, no alcanza a escuchar el timbre de su celular. Entonces ahí sí graves, porque encima de todo tener que devolver la llamada es, ¿cómo diríamos?, un mal presagio. En el caso de ellos podría ser incluso peor. Si se lo encuentra en algún sitio y se anima a pedirle su teléfono y usted finalmente tiene toda la intención de dárselo (el teléfono, por supuesto), los chances son que el directorio de su celular ya esté lleno. Si pide un bolígrafo, seguramente no tendrá papel. Pero si consigue papel, nadie tendrá un bolígrafo para prestarle. Y si de casualidad tiene ambas cosas a la mano, en ese momento alguno de sus pesados amigos hará su aparición triunfal y él se espantará pensando que es su novio. En todo caso, las relaciones entre hombres y mujeres modernas cada vez son más complicadas.

El caso, también, es que, aparte del nerviosismo que suscita una primera cita con un hombre que nos llama la atención, hay ciertos obstáculos que a veces no permiten que las cosas se den y lleguen a un feliz término. Y no hablo precisamente de campanas de boda ni nada que se le parezca. Hablo al menos de una segunda cita que, estando el mundo como está, ya constituiría un verdadero logro. Porque son muchos los hombres que, luego de darle muchas vueltas al asunto, se deciden a llamar, pero también existen y, muchos casos, en los que jamás vuelven a aparecer. ¿Entonces qué hay que hacer para superar los nervios y lograr que esa primera cita sea también la primera de una larga cadena de invitaciones especiales? No mucho. O mejor sí. Le tocará fingir confianza, desplegar toda su personalidad y, debajo de la mesa, cruzar los dedos para que la de él sea compatible con la suya. Para que logre causarle una buena impresión sin mostrar desesperación y que la vuelva a llamar para volver a invitarla a salir. Como anoté antes, el éxito jamás puede estar garantizado, especialmente cuando son las palabras, más que los gestos, los que algunas veces se interponen en nuestro camino. Más aún cuando bien podría ser usted la que después de la nefasta experiencia, no quiera volver a repetir jamás una cita de ningún tipo con el personaje en mención. Sin embargo, sí hay unas cosas que podemos hacer, al menos para que nuestra noche no se convierta en una pesadilla. Es decir, para que ni lo matemos ni nos maten del aburrimiento.

Para empezar, así como lo ideal será descubrir quién es el tipo que nos está invitando a salir, también lo es averiguar de dónde demonios sacó nuestro teléfono. Por si las moscas. Pues por muy en cuarentena que estemos, por muy ponchadas, por mucha escasez, siempre es mejor cerciorarse de que uno no va a sacrificar su preciada soltería y todos los beneficios que ello implica ¡por un encarte! Es así como la regla número uno será antes que nada hacer las averiguaciones pertinentes. Así como lo hacen ellos. Como piden referencias nuestras antes de atreverse a llamarnos. Recuerde también que debe adquirir actitud de triunfadora así su teléfono ya tenga telarañas de lo poco que ha sonado desde su última relación sentimental. Es decir, no permita que la traicionen los nervios y que por torpe, el de la otra línea, termine pensando que a usted se le apareció la virgen. Pues ahí ya estarían empezando mal y usted arrancaría con una gran desventaja. La buena racha empieza cuando empieza a sonar su teléfono, cuando se rompe la maldición de la austeridad sentimental. Entonces un buen consejo sería que aprovechara usted su buena racha, pues lo más seguro es que en la época en la que al parecer usted no hace nada malo y sin embargo nadie la invita ni a un kumis, generalmente viene seguida muy de cerca de la época en la que al parecer nada le sale bien. Es así como los buenos momentos hay que saber aprovecharlos. Preferiblemente, al máximo.

Nunca se haga mayores ilusiones sobre ninguna cita a ciegas basada únicamente en el tono de la voz que escuchó por el teléfono. Las sorpresas, en la mayoría de los casos, suelen ser funestas. Si la buena voz de un hombre garantizara el éxito de una posible relación sentimental con él, muchas de nosotras ya estaríamos casadas con algún operador de larga distancia. Por esto tampoco deberá hacerse ninguna ilusión sobre alguien que le describa una amiga. Recuerde que las amigas a veces no lo son tanto y que "entre gusto y gusto no hay disgusto". Es decir, ese hombre al que a su amiga le puede parecer sensacional, a usted bien podría parecerle un adefesio. O ese al que a su amiga le parece simpatiquísimo a usted le parezca un petardo. También cabe pensar que su amiga no tiene sentido del humor. Recuerde además escoger muy bien el sitio a donde quiere que la lleven. Especialmente si la embarró al aceptar la invitación y su pretendiente resultó ser un fiasco. La probabilidad de que uno se encuentre con alguien conocido o con alguien que a uno sí le gusta, aumentan cuando uno sale con alguien con quien no queremos que nos vean.

Nunca acepte en una primera cita una invitación a algún restaurante italiano. Mucho menos se le ocurra pedir espaguetis. El reguero es tenaz y lo peor de todo es que la víctima siempre es la última en enterarse de todo. Al llegar a casa, uno ahí sí se da cuenta de esto. La mancha en la blusa sólo la notará cuando llegue a casa. Así como allí también se dará cuenta de que en el diente todo el tiempo tuvo pegado un pedazo de pimienta. Por eso, no pida nada complicado de comer en una primera cita y absténgase de dárselas de la muy conocedora. Limítese a pedir cosas sencillas como el pan y la mantequilla que sirven al principio, una crema de algo y postre. Así creerá que no está a dieta y a los hombres les fascina que uno no ande pendiente de eso. Como si eso les transmitiera seguridad en nosotras mismas. Allá ellos. Respete su punto de vista y haga valer el suyo. Esta bien podría ser su única y última oportunidad para hacerlo, si es que sigue saliendo con él. Es bueno que haya posiciones encontradas, que no finja de entrada que está de acuerdo con él en todo. Ya habrá tiempo después para eso. Recuerde también que a ellos les gusta creer que nos han convencido de algo, no que de eso ya nos encargamos solas. Además, si desde el principio usted pretenderá convencerlo de que piensan igual, ¿cuál sería el chiste? Si está más que comprobado que si dos personas siempre están de acuerdo en todo, lo único que eso significa es que una de las dos no se necesita para nada. Para eso, dedíquese a hablarse sola, es más productivo.

Usted sabrá que no habrá posibilidad de una segunda cita cuando se vaya volviendo más simpática con él a medida que esté más cerca la hora de regresar a casa. O cuando note que él se volvió más querido con usted en el momento en que ya casi llegaban a su casa y él se comenzó a despedir desde hacía tres cuadras atrás.

Recuerde también que factores *extras* como si él fuma y usted no, que a él le guste el trago y usted lo deteste, que no le entienda sus chistes, que durante la cita le mencione cosas que le bajen el nivel de interés como que usted le recuerda a alguien, entonces, mujer al fin y al cabo, no vuelve a probar bocado hasta adivinar de quién se puede tratar. Cada una de las opciones que se le podrían ocurrir es una más aterradora que la otra: ¿a una ex novia? ¿A su mamá? O que, estando con usted, se le ocurra dejar ir los ojos detrás de otra hiriendo así su susceptibilidad y embarcándola en una pelea interna de inseguridad versus dignidad. ¿Qué hacer? Nada. Deje que los días determinen el próximo paso para seguir si es que lo quiere volver a ver. Si es que él quiere volver a verla a usted. Cualquier cosa puede pasar. Lo seguro es que una cita, a ciegas o con visión 20/20, bien vista hasta por su ex marido y con pleno consentimiento, nunca podrá ser considerada como una garantía de algo. Lo único cierto es que por descarte, para que no se vaya a hacer falsas ilusiones, tenga siempre presente que: cuando una cita empieza bien, podría terminar mal. Cuando empieza mal, podría terminar peor. Como pasa con las rupturas sentimentales, más conocidas como tusas, "para estar colgando, es mejor caer". Y que de una entienda si le fue bien, mal, regular o peor de lo que pensaba. Y eso sí, no se ilusione… demasiado.

Sin embargo, existen algunos indicios que podrían ayudarle, desde mucho antes de "vestirse para nada", a definir si vale la pena correr el riesgo de perder su tiempo y su peinado, o no. En saberlo antes de hacer el oso está el secreto. Pero lo cierto es que entre hombre y mujeres, a pesar de que a veces somos tan obvios, al final de todo nunca se sabe nada. Peor aún en el caso de las mujeres. Porque, por ejemplo, las posibilidades de que conozcamos a un hombre que realmente nos gusta estando solas, son virtualmente imposibles. Por no decir nulas. Antes que nada, por lo que también señalé anteriormente: a ellos les gustamos pero cuando estamos acompañadas. También porque cuando uno cree conocer al hombre perfecto, somos tan de malas que casi siempre: o estamos con alguien en ese instante, con el marido o con el novio, o con una amiga más bonita y simpática que nosotras. No hay caso. Siempre existe, además de todo, la posibilidad de que esto pase: que el hombre perfecto, ese que de verdad le gustó, se enamore pero de su amiga; que él no le haya gustado ni un poquito, o ya esté ennoviada con otro. Y ahí sí que las cosas se vuelven realmente patéticas, pues termina entonces usted de confidente y paño de lágrimas del hombre del que está enamorada. En conclusión, los hombres y las mujeres sólo podremos estar de acuerdo en dos cosas fundamentales en la vida: en que ambas, nuestras razones, para lo que sea, siempre serán distintas.

CAPÍTULO 18

¿PARA QUÉ NOS CASAMOS?

El amor es el triunfo de la ilusión sobre la inteligencia. Mientras tanto,
¿el matrimonio supone el fin de todas las ilusiones?

LA DIFERENCIA FUNDAMENTAL QUE EXISTE entre hombres y mujeres en el mundo entero es que mientras nosotras nos casamos con el fin de empezar algo, ellos lo hacen con la intención
de acabar algo. ¿Con un ciclo? ¿O tal vez con nuestras ilusiones?
Sea cual fuere la razón, lo cierto es que casarse no es una decisión
fácil. Si de verdad supiéramos de antemano en lo que nos estamos
metiendo, seguramente nunca nos meteríamos. ¿Será entonces
cierto eso que dicen que el miedo que le tenemos a quedarnos
solas es superior al que le tenemos al sometimiento por voluntad propia y, por ende, a la frustración? ¿Será esa la razón por la
que algunos aún se aventuran a dar ese paso tan importante en
sus vidas? ¿O más bien uno tiene que casarse con cierto grado
de *estupidización*? ¿Uno que no le permita más que ver el aquí
y el ahora? ¿Acaso así uno logra volver a ilusionarse con que el
futuro no es más que una utopía y que el mañana, pues siempre
sigue siendo hoy? ¿Que si uno se pasa la vida esperando lo que
viene mañana o después, sí corre el riesgo de quedarse para vestir
santos porque el después, cuando llega, seguirá siendo, pues, hoy?
Lo cierto es que en la vida es sano dejarse tentar. Las tentaciones,

sobre todo, son sanas cuando somos jóvenes. Así que no las trate de evitar, pues en la vejez lo más seguro es que ellas la eviten a usted. Y entonces sí, ¡ya para qué!

Mi amiga Aleja Azcárate, a quien admiro por ser una de las mujeres modernas más francas y divertidas que conozco, utiliza una frase que me gusta mucho para describir el matrimonio: "Es como un submarino, está diseñado para flotar pero esa mierda se hunde". ¿Será cierto? No lo sabremos si ni siquiera superamos el miedo a intentarlo. Lo cierto es que muchas mujeres casadas que conozco y que han logrado sacar sus matrimonios como el submarino con el que lo compara Alejandra, a flote, coinciden en que para tener un matrimonio realmente feliz, la clave es aprender a callar una que otra cosa. Es entender que la pareja es aquel ser humano que convive con usted, que la conoce demasiado bien y aún así está dispuesto a aguantársela. Y, aunque después de años de casados, sea inevitable que la pasión salga volando por la ventana y se acabe y termine usted sintiéndose como si compartiera la cama con alguien de su misma familia, a lo mejor vale la pena intentarlo. Más que nada, por lo que anteriormente expuse y es que es mejor vivir cómoda que incómodamente. Es decir, es mejor ser mantenida que asalariada. Nuevamente, depende de lo que usted quiera en esta vida y de lo que crea que la hará más feliz.

El secreto para permanecer en pareja, según algunos escépticos, en cambio, para llevarse bien con un hombre, lo ideal es no ser su esposa. O, si la mujer cede y de verdad empieza a entender a su pareja, es porque en algún instante del camino aprendió a no escucharlo. ¿Uno sí será que se casa con la idea de que es para toda la vida? ¿Cómo hacen para mantener viva esa ilusión? ¿O es que de verdad, ante la posibilidad de tener que hacerlo todo solas por el resto de nuestros días, de repente la idea nos comenzó a parecer poco menos que atractiva? Pero también lo es perder nuestra preciada libertad que tantos años de lucha nos ha costado. ¿Pero, entonces, quién tiene la razón? Nadie. Todo dependerá de su nivel de aguante. De cuánto quiere usted luchar por cumplir sus metas, si es que las tiene. De cuánta paciencia puede desplegar si lo que quiere es apostarle a un hogar con marido, hijos, perro, y todo lo demás. Lo único realmente cierto en ambos casos es que sea cual fuere su elección y posterior decisión, ambas requerirán muchísimo trabajo, esfuerzo y, más que nada, sacrificio. Uno de mis refranes favoritos sigue siendo: el hombre nace solo y muere solo y, aunque a la larga, en la práctica, termina siendo absolutamente cierto, no nos digamos mentiras, que la vida, acompañados, suele ser mejor. ¿Entonces podría ser esa también una de las razones por las que nos conviene comprometernos con alguien? ¿Será que sí? ¿Acaso vale la pena perder por amor nuestro terreno, en el que nos hemos convertido en dueñas y reinas de nuestros propios espacios?

El amor es un mal necesario. Porque quienes no lo tienen lo añoran, quienes lo han tenido lo extrañan y quienes lo tienen actualmente casi siempre lo quieren desechar. De hecho, entre los días más felices de nuestras vidas están el día en que conocemos a ese alguien especial y el día en que lo abandonamos cuando ya no lo soportamos más. Entonces, ¿qué pasa con el amor que se ha vuelto un sentimiento aparentemente tan débil? ¿Uno que implica sacrificios a los que muchas veces no queremos acceder? ¿Qué pasa que nadie quiere ya dar el primer paso a aventurarse hacia lo desconocido? ¿Y si nos llegara a resultar? ¿Qué habría que hacer para superar todas nuestras dudas y nuestros miedos? ¿Ayudaría vivir en casas separadas? Entonces, si no es para compartir, ¿para qué casarse? ¿Será que tal como viven algunos amigos divinamente casados, en la misma casa pero cada uno con su propia habitación sí funciona? Tal vez. Al menos es una propuesta más acorde con los tiempos. A lo mejor nos hemos vuelto tan territoriales que el secreto radica en que cada uno aporta lo que quiera aportar pero se sigue guardando lo que quiera guardar. ¿Será que sí? ¿Acaso es cierto aquello de que la primera mitad de nuestras vidas nos la frustran nuestros padres y que la segunda mitad, nuestros maridos?

Ante todas estas inquietudes, por tan sólo mencionar algunas me animé a escribir estas páginas, en las que al final todo se resume a lo mismo: miedo. Todos tenemos miedo al fracaso. Y, como en el caso de los negocios, si uno quiebra, la tendencia es volver a levantarse y seguir adelante. Conseguir el dinero para montar otro negocio. En el plano sentimental, en cambio, no es tan fácil. El temor al fracaso en el aspecto emocional supone dolor, frustración, tristeza. Y una persona es, decididamente, irremplazable. No sé entonces si el secreto radica en aprender a que todo lo que empieza necesariamente tiene un final, como la vida misma. Si nos va mejor con la filosofía de "los novios eternos", esos que se aman, se juran amor eterno pero que casi nunca logran cumplir sus promesas. Y esas promesas, que no son más que gasolina para el alma y para el corazón, alcanzan para un rato pero con gusto estaremos dispuestos a escuchar las mismas promesas de otra persona en un futuro no muy lejano y así sucesivamente. Lo cierto es que si aprendiéramos a superar nuestros miedos al compromiso, seguramente el mundo sería un lugar más seguro y estable para vivir. Los niños ya no crecerían solos en casa, sin ninguno de sus papás cerca para no solo cuidarlos, sino también para aconsejarlos y orientarlos por el difícil camino que seguramente también serán sus vidas.

Lo único realmente cierto en todo esto es que así opte usted por una vida en pareja, para que funcione, usted deberá enamorarse muchas veces. Ojalá, eso sí, de la misma persona. Y una relación perdurable seguramente le dará esa posibilidad. Un matrimonio, si bien para las mujeres modernas en muchos casos suele ser considerado un negocio, lo cierto es que un buen trato es cuando ambas partes se sienten bien tratadas. Uno de los consejos más sabios que recibí al hacer mis entrevistas para este libro es, sin lugar a dudas, el que me dio una buena amiga en Barranquilla: "Nunca el amor de una personas va a ser igual que el de la otra. Si hoy su pareja le da un 60%, probablemente usted sólo quiera acceder a darle un 40%. Pero si es usted la que mañana dará un 80%, espere de su pareja el 20%. Y por muy desigual que suene, así funciona mejor la relación de pareja". Es decir, nunca espere más, acepte lo que venga. Nunca dé más, pero acepte con cariño lo justo. Nunca pida en la misma medida en la que no estará dispuesta a dar. Ni reciba con la condición de que triplique lo que acaba de recibir. El amor bien podría ser considerado un negocio en donde a veces también se pueden ganar intereses. En el que si fracasa, nada de malo tendrá declararse en bancarrota. Pero eso sí, como en todos los negocios, si uno llegara a caerse, tocará volverse a levantar. Y así sucesivamente.

Pero sea lo que fuere, apuéstele a algo. Lo malo es cuando uno se pasa la vida renegando de los demás y no se da uno cuenta de que el secreto para la verdadera felicidad lo poseemos nosotras mismas. Respondiendo una sola pregunta: ¿qué queremos? ¿Estar solas o mal acompañadas? ¿Queremos ser mujeres de carrera o queremos simplemente vivir la vida sin afanes? ¿Que la única carrera en la vida que quisiéramos y a la que aspiráramos sea una contrarreloj para que nos alcance el tiempo para hacer de nuestra vida todo lo que deseamos hacer? ¿O lo que realmente necesitamos es tiempo para vivirla y ya, sin tantas complicaciones? Todas las posiciones están bien. El gusto que ya nadie puede darse es confundirse entre ambas posiciones. Entre tantas opciones. Uno no puede decidir que se quiere casar, tener hijos y que el marido lo mantenga a uno, si uno lo que quiere es vivir metido en la oficina mirando a ver cómo es que uno se gana los puntos para obtener ese fabuloso ascenso que tanto le han prometido.

Tampoco uno puede pretender vivir cómodamente con el marido, y quejarse todo el día porque por atenderlo usted dejó a un lado todas sus aspiraciones profesionales. En serio, ¿qué quiere para su vida? Piénselo y muy bien y verá cómo la vida de repente le resulta más fácil. Y por Dios, deje de quejarse que, en últimas, uno siempre tiene la pareja que se merece. Por dos razones elementales: porque fue usted la que lo escogió. Y porque cuando se dio cuenta de que se equivocó, tampoco hizo nada para dejarlo. Así mismo, la mujer soltera por convicción también es culpable de su propio presente: ¿quiere competir con ellos y aún así se lamenta de que ya no le abren la puerta del carro y tampoco le ayudan a ponerse el abrigo? ¿Entonces qué quiere? ¿Que la abriguen o que la admiren?

Las que nunca hemos considerado en serio casarnos, terminamos preguntándonos frecuentemente: ¿para qué se casa uno? Si es tan complicado y las posibilidades de éxito sin sumisión son tan remotas, ¿para qué lo consideramos siquiera? ¿Tal vez porque somos mujeres y porque a veces nos toca admitir que también seguimos siendo románticas y que el sueño de la Cenicienta nos sigue pareciendo sospechosamente atractivo? ¿Y para qué demonios siguen organizando esos fastidiosos *showers* té-lluvia de regalos, que no son más que la oportunidad favorita que tienen las mujeres para restregarles a sus amigas menos favorecidas su momentánea felicidad? Sí, momentánea porque las mujeres, por nuestra reconocida condición genética, siempre tenderemos a desencantarnos en algún punto de nuestras vidas. El mejor ejemplo de esto es cuando uno sale de la casa con la idea de comprar algo de lo que ya nos convencimos previamente: de que necesitamos una blusa blanca. Así tengamos cuatro más en el clóset, nos vamos a la tienda más cercana y luego de pasar horas escogiendo y comprando otras cosas que ni siquiera pasaban por nuestra mente antes de salir, cuando están a punto de cerrar, terminamos comprando lo que sea. La primera camisa blanca que tengamos a la mano. Una que, entre otras, generalmente resulta la más cara y la menos bonita de todo el almacén. ¿Y todo para qué? Para llegar a la casa y darnos cuenta de que primero no la necesitábamos, es decir, malgastamos nuevamente nuestro dinero o el de ellos. Segundo, no nos queda bien. Tercero, las que ya teníamos son más bonitas. Y así se resume nuestra vida: nunca estamos conformes con lo que tenemos. Duramos mucho tiempo escogiendo lo que supuestamente queremos, para terminar al final, ya desesperadas, encartándonos con lo primero que se aparezca para no quedarnos con las manos vacías. Y todo para darnos cuenta de que por andar buscando lo que no necesitábamos, perdimos lo que tuvimos alguna vez. Para terminar admitiendo que lo que antes teníamos era muchísimo mejor que lo que conseguimos a última hora. Y eso, en materia de hombres, es una verdad que duele y que ninguna de nosotras se atrevería a negar. Sería algo así como negar a la mamá.

El caso es que lo que sentimos las solteras, después de los treinta, ante la posibilidad de tener que asistir a un *shower* no es propiamente agradable. Es más bien pánico. El pavor que le tenemos a una entrega de regalos previa a un matrimonio, es que las mujeres a veces somos tan malas con las de nuestro propio gremio que lo único que le faltaría hacer a la novia para torturar y atormentar sicológicamente a sus amigas solteras es sacar megáfono en la mitad de la fiesta para anunciar cuál de nosotras es la más disponible aún. Y esa, señoras, es una humillación de la que una difícilmente se repone al día siguiente. ¿Entonces para qué asistir y darles el gusto? O, peor aún, ¿para qué seguirles el juego y terminar también en el matrimonio de la novia torturadora? Pues porque las mujeres somos masoquistas. Porque es mejor ir y que lo vean a una digna, a que se imaginen que una se quedó en casa para contar telarañas en el techo... ¡otra vez! Y porque en un matrimonio siempre existe la oportunidad de conocer a algún buen partido. ¡Pero de fútbol! Porque a veces los invitados son tan babosos que es mejor quedarse con el portero viendo deportes que dejarse bailotear por cuanto perdedor invite la novia.

¿O es que no se han dado cuenta de que los únicos solteros en los matrimonios casi siempre son feos, fofos, torpes o pobres? ¿Que si fueran tan buenos partidos, tendrían mejores cosas que hacer que prestarse como ganchos ciegos de la novia para presentárselos a todas sus amigas también varadas como ellos? Que no estarían ahí en el mismo plan patético que una: mirando a ver si uno pesca algo bueno. Si lo fueran ya alguna arpía más astuta que nosotras los hubiera agarrado. No, los solteros que invitan a los matrimonios, casi siempre son hombres en promoción y recuerde que: ¡lo barato sale caro!

Y entonces termina uno hablando con los mismos a los que uno ya ha rechazado en varias oportunidades y se los encuentra uno hasta en la sopa. Los mismos que por pura vergüenza se dejan volver a presentar como si jamás los hubiéramos conocido en algún matrimonio anterior. Como si ya no los hubiéramos rechazado en el matrimonio anterior, pero ¡como no hay más! Con los mismos a los que ya les dimos en alguna oportunidad el teléfono de los bomberos. Con los mismos con los que uno ya se cansó de darles la misma señal: "Prohibido estacionarse". A los que tocó ponerles una caución para que no nos volvieran a llamar después de ¡haberse ilusionado con nosotras en una boda! Esos que lo abordan a uno con frases de cajón como: "¿Estudias o trabajas?". A los que uno les termina contestando sin gracia, sin ganas, sin el mínimo interés de retenerlos por más tiempo a nuestro lado: "Ambas cosas. Trabajo y estudio seriamente la posibilidad de irme de esta fiesta tan aburrida". O cuando se les ocurre sacarnos a bailar. ¡Qué tortura! Uno disfrazado de merengón de guanábana, con los zapatos prestados de la hermanita porque no encontramos unos que nos combinaran con el vestido también prestado y remodelado de la tía. Porque eso sí, una bien soltera y asalariada no se puede dar el gusto de gastarse todo el sueldo del mes en una boda en donde uno casi nunca conoce nada bueno. Con la cartera Luis Pinzón chimba que conseguimos donde la contrabandista de moda y con aquel peinado terrorífico de maniquí del Only que ha empezado a provocarnos un ataque masivo de migraña y a ellos se les ocurre sacarnos a bailar. Fijo, además, que casi siempre el que se atreve es el más enano de toda la fiesta. El que más ritmo tiene un buñuelo.

¡Y ahí sí el oso es tenaz! Esos gnomos con complejo de bailarines que, entre otras, casi siempre vienen en modelo *Roll-On*: ¡calvos, chiquitos y babosos! La única forma de quitárnoslos de encima es diciéndoles que nos queremos casar… ¡con ellos! Para que ahí sí salgan corriendo a aburrir a otra y nos dejen en paz. No, ¡qué pasadilla asistir a un matrimonio!

Yo, de verdad, no entiendo cuál es ese afán que tienen algunas mujeres por casarse, si esa vaina está mal diseñada. Si es tal la humillación que, mientras para nosotras es todo un acontecimiento de página social en el periódico, para ellos no más que un evento. ¿Entonces para qué tanta parafernalia? Entonces, uno se refugia en el único sitio que sirve en todo el establecimiento: el baño. El refugio favorito de las solteras y de las casadas también. Entonces ellos se preguntan qué tanto hacemos las mujeres en el baño que nunca podemos ir solas. Pues para ir a crear estrategias de conquista. Porque uno en el baño no se arregla para ellos, sino también para ellas porque la competencia allá afuera es muy dura y hay que dejar claro ¡quién es la más! Pero también nos arreglamos para los demás porque uno tiene que estar atento a con qué vamos a remplazar a nuestro futuro ex. Pero ojo porque el que mucho abarca poco aprieta y ¡uno no va a cambiar el sueldo por una comisión!, como dice mi amiga Aleja Azcárate.

Además, para chequear con quién andan las demás. Porque como cuando éramos pequeñas, a uno siempre le gustaba más la muñeca de la amiga, así mismo cuando crecemos siempre nos llama la atención el novio de la otra. ¡Qué pereza! ¡Qué gremio tan desunido el nuestro! ¡Cuando ellos ven dos mujeres juntas se privan! Y hasta las comparten. En cambio nosotras nos privamos pero a punta de puños… Porque somos tan primarias que vamos es a halarle los pelos a la que nos está haciendo el favor de desencartarnos quitándonos de encima al bulto que tenemos por novio. ¡Cuando deberíamos agradecerles el favorcito!

Entonces si la ida a cualquier boda es toda una tortura, masoquistas o no, no logro entender por qué lo siguen invitando a uno de relleno. ¿Por qué seguimos yendo para terminar escondidas en el baño esperando a que pase la hora adecuada para excusarnos e irnos? Asistir a un matrimonio es casi peor que no planificar con el que uno no se acuerda al otro día... y casos se han visto. Otro detalle que nos complica la vida al considerar la posibilidad de aceptar una invitación a una boda es el regalo. Aparte de carísimo, uno casi nunca sabe qué regalar y con qué quedar bien con la novia. ¿Y es que qué le podría regalar uno a una de estas desadaptadas para que queden realmente contentas y no empiecen a criticar después? No sé. Se me ocurre algo realmente útil. Algo que eventualmente sí vayan a usar y, sobre todo, a necesitar. Algo así como de baterías y ocho velocidades que no es propiamente una licuadora... Lo peor de todo es que, además, las muy tontas hacen lista de regalos y todo. Lo que piden normalmente son electrodomésticos, lencería y artículos de cocina que ¡van a tener que usar y lavar! Ellas solas se clavan el cuchillo, porque un restaurante no lo volverán a ver ni en las curvas. O bueno, sí, en la curva hacia la Caracas con la 34, o el Tiger Mart de la esquina de su casa. El restaurante favorito de todos los casados. Porque después de casarse a uno no lo vuelven a invitar ni a una degustación de supermercado. Y eso que es gratis.

Y hablando del matrimonio, ¿será que, en cambio, hacerlo por conveniencia sí nos conviene? La pregunta es: ¿a quién le conviene más, a él o a usted? Si la balanza se inclina a que usted seguirá trabajando de por vida y aun así deberá asumir las labores del hogar, la respuesta es muy fácil: le irá mejor sola. Si, en cambio, lo que quiere es que la mantengan, tal vez un matrimonio por conveniencia es su mejor opción. Pero, ¿quién se casa con quién? Cada oveja con su pareja, reza el refrán. Por experiencia propia no es muy sabio aquel consejo de las abuelas de que uno debe casarse con el opuesto a uno. Dizque para equilibrar la balanza. ¿Cuál balanza, ¿cuál equilibrio? ¡Si siempre en lo que andamos es en la cuerda floja con ellos! Debo advertir que este dicho no funciona entre las mujeres denominadas *modernas y de mundo*. Porque uno busca a un cómplice. A alguien con quién compartir el camino de la vida. Alguien que nos haga reír y eso no se logra, a menos que por lo menos nuestros gustos sean similares. Si él madruga y a usted le gusta levantarse tarde; si usted fuma y él en cambio no; si a él le gusta leer el periódico y a usted le gusta del diario las sociales, los chismes de farándula o usarlo, antes de que él lo haya leído, para que el perro haga sus gracias en él; si a él, por ejemplo, le gusta Galy Galiano y a usted Madonna, pues no funcionará y punto. Así que no insista. En serio. ¿Para qué nos casamos?

CAPÍTULO 19

¿EL FEMINISMO NOS DAÑÓ EL CAMINADO?

*A nuestras antepasadas, definitivamente, les iba mejor que a
nosotras las dizque mujeres de mundo, modernas, independientes…
¡Asalariadas de pacotilla! ¡Les iba divino! Antes, les dábamos
contentillo, de vez en cuando y, en contraprestación, ellos nos
mantenían. ¡Como debe ser!*

NO SÉ EXACTAMENTE QUÉ BENDITO DÍA apareció un grupo de
mujeres que, de tanta lata, lograron lo que ni siquiera los
hombres habían podido lograr con todo su machismo: dañarnos
el caminado. ¡Sacarnos de nuestras camas para tener que salir a
trabajar! Hablo de las feministas radicales. De las que se lanzaron a
la tarea de hablar por ellas y por todas las demás, cuando es evidente
que no todas queremos ser activistas de una corriente que excluye
a los tan necesarios hombres y que nos enfrenta con ellos como
verdaderas tiranas. Mi propuesta es, como es tan cierto aquello de
que todos los extremos son malos, ¡entonces negociemos! Y no
me refiero a negociar con aquellas mujeres que de verdad trabajan
para que la mujer cada vez tenga más derechos y asumen su reto
con admirable disposición y convicción. De las que defienden
antes que nada a la mujer pero que también respetan a las que
no quieren embarcarse en peleas inútiles contra los hombres. Las
que a pesar de su lucha por la igualdad y los derechos de la mu-

jer, siguen siendo esposas, madres, hijas y mujeres excepcionales. Las que por defender a las más desvalidas no han descuidado sus propias vidas sino que, por el contrario, han aprendido a convivir con los que las otras consideran sus enemigos.

Tampoco hay mucho que negociar con la mujer *indefinida*. Aquella que aunque no sabe lo que quiere, cree saber lo que queremos todas las demás, y por eso toma la vocería de causas que a veces ni siquiera son propias. De aquella que se casó sólo para que no dijeran que era una solterona pero que nunca tuvo el mínimo deseo de intentarlo siquiera. Me refiero a aquel tipo de mujer inconforme y agresiva que con su actitud vengativa y poco diplomática no hace más que quejarse de todo. Esa que ha ayudado a convertir a nuestros hombres en lo que son hoy día: unos seres parcos, escépticos y poco considerados que ya no están dispuestos a permitir que la manipulación sea frontal. Pero si antes también los manipulábamos y ni siquiera se daban cuenta, ¿para qué venir ahora a cambiar las reglas del juego?

Por si no sabían, este año se celebran, según los noticieros, son esos programas de entretenimiento para ellos, con muertos, hampones y masacres, los cincuenta años de la revolución femenina en Colombia. Hecho que, entre otras cosas, suscitó el derecho de la mujer al voto. ¿Y qué beneficios pudo traerle el derecho al voto a la mujer desinformada? ¿A la que se asegura feminista pero que jamás ha movido un solo dedo para seguir apoyando esa revolución? Es más, que ni siquiera sabe en qué consiste. En este país, ese tipo de mujeres aún sigue siendo la mayoría de nosotras. Porque nos guste o no, la mayoría de las mujeres en países tercermundistas, como los nuestros, lo único a lo que siguen aspirando es a casarse y a tener hijos. Y están también en todo su derecho. Sin desconocer jamás lo que la lucha feminista ha logrado por la mayoría de las mujeres en el mundo, lo que aún no me sigue convenciendo de algunas activistas del movimiento es su actitud hacia los hombres.

Por lo demás, todo estaría bien si la búsqueda por la igualdad de nuestros derechos no nos hubiera también embarcado en una batalla campal, sin tregua, en la que al final las que seguimos perdiendo terreno somos nosotras. A los hombres los seguiremos necesitando y eso es una realidad que nadie podrá cambiar. Llámese complejo de Electra, de Lear, o de lo que quieran, lo cierto es que la sociedad, como la conocemos, funciona así: el más débil se apoya en el más fuerte. Y ese equilibrio que tan ampliamente ha sido demostrado incluso a través de todos los demás animales del planeta, es justamente necesario para que en el mundo vuelva a existir la cordialidad, la fe y la confianza entre los unos y los otros. Es la actitud agresiva de algunas feministas lo que nos molesta a las que nunca lo hemos sido o las que ya no queremos serlo tanto.

Unas por otras. Aquello del costo/beneficio también aplica en la lucha entre los sexos. Si queremos enfrentarlos como en la guerra, prepárense para que esta sea despiadada y sin consideración alguna. Si lo que queremos es negociar, prepárese a desplegar toda su paciencia y dobléguese de vez en cuando que eso no es tan malo. Y hasta conveniente termina siendo para nosotras. Entonces, propongo que abandonemos la causa feminista radical y más bien embarquémonos en una lucha femenina por nuestros verdaderos privilegios como mujeres que somos. Muchas mujeres que conozco están de acuerdo conmigo en que ser mujeres es una ventaja que indiscutiblemente no hemos sabido aprovechar. Si es tan cierto que somos el sexo fuerte, el más inteligente y eficiente, ¿entonces para qué pelear en contra de nuestra propia naturaleza? ¿Para qué sacrificar todos los derechos que también tenemos frente a ellos simplemente por demostrar que somos mejores que ellos? ¿Y eso para qué sirve? ¿Para que a ellos de repente ya no les importe nuestra suerte? ¿Para que aún así, a pesar de todo lo que con gran esfuerzo se ha logrado, algunas de nosotras tengamos que admitir que los seguimos necesitando porque nos seguimos casando con ellos, seguimos sufriendo por amor y seguimos ilusionándonos con bodas de ensueño e hijos? Lo malo de toda esta batalla es que ahora tenemos más responsabilidades. Seguimos con ellos pero también tenemos que trabajar.

¿Por qué seguimos llorando por ellos y nos quejamos tanto si lo que queremos es estar realmente solas en nuestra lucha? A mí en lo personal no me interesa pelear con nadie. Me interesa negociar. Me interesa, por ejemplo, que el término *ama de casa* adquiera para ellos un verdadero valor. Que luego de darse cuenta de que precisamente por haber abusado del machismo, nos rebelamos. Salimos de nuestras casas y empezamos a dejar a nuestros hijos, sus hijos, en guarderías, para poder también ganar un sustento y, por ende, nuestra preciada libertad. Entonces si a ellos tampoco les gustó el experimento que desequilibró la sociedad al punto que los niños crecen solos y ya ni siquiera respetan a sus padres como antes, hagamos entre todos un borrón y cuenta nueva. Negociemos. Logremos un acuerdo equitativo y pacífico entre ambos bandos: ellos hacen su parte y nosotras la nuestra. Nosotros los ayudamos pero ellos tendrán que aprender a valorar nuestros esfuerzos. Trabajemos pero no descuidemos el hogar, no abandonemos a nuestros hijos mi mucho menos enfrentémonos con nuestros maridos en una guerra absurda en la que ambas partes siempre salen, ahí sí, igualmente perjudicadas.

Entonces, ¿la igualdad que tanto buscamos en qué radica? ¿En que ambos gritamos por igual? ¿En que ambos llegamos cansados a la casa luego de tanto trabajar? ¿En que ambos somos culpables por igual de la rebeldía de nuestros hijos? ¿En que las cuentas por pagar ahora son responsabilidad de ambos? ¿En que si él es infiel, ella también tiene derecho a serlo? Esa clase de igualdad no me interesa. A muchas de nosotras no nos sirve pensar y actuar así. Nos sirve más bien que, siendo fieles a nuestra naturaleza, busquemos en el hombre el apoyo que tanto necesitamos y la protección que tanto nos hace falta. Nos sirve que ellos valoren a la mujer que tienen en casa que si además aporta en los gastos del hogar, sea motivo de admiración, no de rechazo. Con la libertad económica también se ha suscitado la actitud intolerante y agresiva de la mujer moderna que ya no quiere negociar, que ya no le interesa ceder en nada. Esa que vive furiosa con el sistema porque ahora son más responsabilidades y problemas los que se ha venido echando encima. Nos sirve entonces negociar y encontrar un punto intermedio que nos asegure que podemos ser tan ejecutivas y tan profesionales como queramos ser, pero sin que la experiencia de vida con la pareja, por ello, se convierta en un infierno.

Para lograrlo, primero debemos reconocer que el inconformismo en el caso de la mujer es genético. Es decir, es propio de nuestra naturaleza. Nunca sabemos lo que queremos y por ello vivimos furibundas y frustradas. Las solteras queremos casarnos, las casadas quisieran gozar de la libertad que tienen las solteras. ¿Cómo embarcarnos entonces en una guerra sin cuartel por mí, por ti y por todas las demás, si el problema de nuestro gremio es fundamentalmente de falta de solidaridad y de esa histórica y mundialmente reconocida rivalidad? Lo primero que la mujer debe hacer para embarcarse en cualquier lucha es conocerse a sí misma, para poder entender así a las demás. Convenzámonos de que somos recolectoras y por eso nunca creemos tener suficiente de lo que hemos conseguido. Por eso mismo jamás llegamos a conformarnos con lo que tenemos. Por eso, también, hablamos mal de las demás y conocemos de cerca sentimientos tan negativos como la envidia. Por esto he decidido bajarme de ese bus. La causa por la que ahora lucho es la propia. No voy a luchar por las demás porque ninguna sabe lo que quiere, incluyéndome. Porque nunca se ponen de acuerdo en nada y porque, lamentablemente, no somos tan solidarias como necesitaríamos serlo para lograr cualquier tipo de meta juntas. Por eso esta invitación a definir qué quiere usted y no necesariamente qué quieren las demás.

Por ello, el aniversario número 50 del derecho al voto femenino, ¿qué podría significar entonces para tantas falsas feministas o para las desertoras del movimiento feminista radical, como yo? ¿Acaso la conmemoración de una fecha nefasta que se nos tiró los domingos de elecciones empijamadas hasta el cuello pidiendo a domicilio, mientras ellos salían todo el día dizque a cumplir con la democracia? ¿Ese mismo plancito de quinta que para lo único que servía era para dañarnos el manicure? Ese mismo plan harto que, como su nombre lo indica, nos dio el derecho al sufragio. Nombre muy apropiado porque ahí realmente murieron todos nuestros derechos a ser unas felices mantenidas. ¡Si muchas mujeres ni siquiera saben aún a qué es a lo que tenemos derecho! Si muchas ni sabiéndolo se animan a votar porque lamentablemente no les interesa. Si a muchas mujeres no les interesa que nadie luche por su derecho a trabajar como ellos. A muchas no les interesa trabajar y ser como ellos. Muchas mujeres sólo quieren vivir tranquilas, criar a sus hijos en paz y les gusta atender al marido. ¿Entonces por qué criticar a las que sí logran la tan ansiada estabilidad? ¿Para qué complicarnos tanto la vida con tanta lucha que a la mayoría poco le interesa? No, no celebro el derecho al voto sin que haya una campaña masiva de información. Para que las que aún así no les interese el tema, puedan vivir tranquilas con lo que las haga feliz. Sea lo que sea. Así como no critico a las feministas por su derecho a luchar, tampoco es justo que se critique a las que no les interesa más que su propia tranquilidad.

Sé y entiendo que aún sigue habiendo muchas injusticias en el mundo. Que las mujeres que trabajamos para nuestra supervivencia cada vez somos más. Que la lucha por los derechos de la mujer es digna de admiración y respeto. Que es mucho lo que se ha logrado para que la mujer pueda tener mejores condiciones de vida. Pero también sé ahora que un feminismo mal asumido, mal interpretado, mal practicado, tampoco es la solución a todos nuestros problemas. Es ahora parte de nuestros problemas, como si fueran pocos. Me molesta la actitud agresiva de las falsas feministas, de las que ni siquiera saben por qué o por quiénes luchan las demás. Me molesta que nos hayamos convertido en mujeres irascibles. Que los hombres ya no quieran luchar a nuestro lado sino en contra nuestra. Me molesta que haya tanto masoquismo femenino en el mundo, que haya tanta desinformación. Que las mujeres sigamos quejándonos de todo pero que no levantemos un solo dedo para cambiar el curso de nuestras propias historias. Me molesta la mujer que se deja pegar del marido y aún así ni lo deja porque confunde su orgullo herido con amor. Me molestan ese tipo de mujeres que no han entendido que el mundo sí ha cambiado. Cada uno se merece la pareja que tiene. Y si luego de intentarlo todo, se da cuenta de que no es la que usted necesita a su lado para ser feliz, ¿qué espera para cambiarla? Pero también me molestan las mujeres que lo quieren todo y que no quieren ceder en nada. Las que quieren ser autoritarias y aguerridas en la casa y aún así pretenden permanecer casadas. Me molesta no saber qué queremos y que no hayamos aprendido bien a disfrutar de nuestros actuales beneficios. Que no entendamos que, por el hecho de tener sueños profesionales, nuestras vidas personales no necesariamente debemos convertirlas en pesadillas domésticas. Mi nueva posición, intermedia, pacífica y más que nada diplomática, es la que me lleva entonces a embarcarme en una lucha por encontrarle un mejor sentido a mi condición de mujer moderna. Una que puede trabajar si así lo desea pero por ayudar, no para demostrarle al marido que una sí puede sola como él. Entonces quédese sola y deje de quejarse tanto. Y, aún así, su posición seguirá siendo respetable. Más sicólogas y menos feministas radicales de actitud agresiva, pareciera a veces ser la verdadera respuesta que estamos buscando algunas mujeres del mundo.

Porque, al contrario de lo que piensan este tipo de feministas, les guste o no, la mayoría de las mujeres sigue pensando que antes las cosas eran más fáciles para ellas. Porque antes, quedara quien quedara, con nuestro voto o sin este, sin importar la situación del país, nos tenían que seguir manteniendo. ¿Será verdad tanta belleza? Según muchas mujeres también, por culpa de las muy desconsideradas feministas, como no pudieron ganarle al enemigo, ¡se unieron a él! ¿Habrá una filosofía más tonta? Por igualadas, ¡nos dejamos igualar! Perdimos nuestras ventajas, nuestro esmalte de uñas y muchos de nuestros beneficios. ¿Acaso es así? Por mi parte, he disfrutado y me he beneficiado y mucho del feminismo; sin embargo, no deja de inquietarme la posición de aquellas quienes aseguran que no todo lo que de allí provino fue bueno para la mujer, en el plano social, sentimental y económico, quiero decir. No sé bien si nos conviene acortar esa ventaja que les teníamos a ellos, si de verdad ser tan iguales a ellos es realmente lo que necesitamos la mayoría de las mujeres para ser felices. Porque si así lo fuera, si el secreto de la felicidad se basa actualmente en la independencia, más que nada económica, ¿por qué hay tanta soledad en el mundo? ¿Por qué nos quejamos tanto? Porque añoramos lo que nosotras mismas nos dedicamos a perder: la consideración de ellos. Y ojo que no hablo de lástima, hablo de consideración. De esa deferencia que los hombres antes tenían con nosotras precisamente por ser tan… diferentes. ¿Porque nos creían tan débiles? ¿Tan femeninas?

¿Se ha perdido un poco la magia? Yo diría que sí. Yo diría que en ese afán por convertirnos en súper mujeres, algunas hemos aprendido también a renegar de nuestra condición de súper mamás y de súper esposas. Y para que la sociedad funcione como tal, en la vida debemos definir roles. Como lo hacen los mismos animales. Quién es el fuerte, quién es el débil. Para que una relación de pareja sea realmente estable, alguien tiene que ceder. Lo malo es que al creer que ser débil se mide actualmente tan sólo por el nivel de ingresos que uno aporte o pueda aportarle al hogar, ya nadie quiere ser a la vez la que manda pero en la casa. Es como si ya a nadie le pareciera importante, como si la verdadera fuerza se midiera pero allá afuera. Ya nadie quiere medirse por lo bien que atiende al marido o por lo mucho que cuida y protege a los hijos.

Lamentablemente ya nos empezó a parecer poca justificación para nuestra existencia.

Pero, ¿qué pasaría si algunas de nosotras, no todas, pues al fin y al cabo todas tenemos derecho a elegir lo que más nos convenga y nos haga felices, optáramos más bien por ceder y volver a ser las reinas de nuestros propios hogares? ¿Qué pasaría si de repente ser ama de casa volviera a ser importante? ¿Qué pasa si en vez de seguir promoviendo esta batalla campal en la que se ha convertido la tal guerra de los sexos, ellos también colaboraran en darle a la mujer, en el hogar, el puesto y el valor que se merecen? Porque ellos también se quejan y mucho de que las mujeres ya no quieren ser los pilares del hogar y, por ende, de la sociedad. Que nos volvimos altaneras, intolerantes e irascibles. ¿Qué pasaría si diéramos reversa y empezáramos a entender el feminismo sin apasionamientos, con todas las ventajas y los beneficios que el mismo ha procurado para todas la mujeres del mundo? ¿Qué pasaría si entendiéramos y practicáramos un feminismo más pasivo y menos agresivo y vengativo? ¿Qué pasaría si la verdadera inteligencia para convivir en pareja la asumiéramos como la habilidad de compartir y no la de competir?

El problema de las mujeres que aún no lo tienen claro y quieren ambas cosas a la vez, pero a la brava, es que con su actitud desmedida y errónea, no sólo atentaron en contra de su propia comodidad sino contra la de toda la humanidad. Que se declararon independientes, a medias, cuando no hay nada mejor que lo mantengan a uno… en su totalidad. Insistieron en votar cuando ¡lo único que quieren botar de vez en cuando es al marido por HP! o al mozo por intenso. Porque eso sí, no hay nada más boleta que un mozo enamorado. De esos que se creen que uno se enmoza porque está aburrido del marido. Noooo, qué pereza, la lágrima, el show y la tarjeta Timoteo. Lo peor de un mozo enamorado es cuando luego de que uno los atiende toda la semana mientras el marido trabaja o juega golf… se les da por proclamar sus derechos y declarar el domingo como el Día nacional del mozo. ¿Habrase visto semejante despropósito? Sobre todo, porque el domingo es el día de la familia. ¡Ese día fijo nos pasan al tablero! Algún día tenemos que atender al marido. Y, además, ¡ese día vamos religiosamente a misa! Nos complicamos aún más nuestra ya de por sí complicada existencia.

No señoras, la igualdad necesariamente debe radicar en cosas más fundamentales para la sociedad, para la crianza de los hijos y para el respeto que, en últimas, es lo más importante de todo. Que seamos iguales, eso sí, a la hora de educar y de atender a nuestros hijos. Que seamos iguales para respetarnos, para admirarnos y, más que nada, para apoyarnos mutuamente en sea cual sea la elección de vida que hayamos escogido para nosotros mismos. Si la señora quiere trabajar, pues que trabaje pero que no llegue a la casa a regañar al marido porque ella está mucho más cansada que él. Que no lo obligue esa noche a ver el programa que ella quiere sólo porque se asegura de remarcarle que la luz también la paga ella y la televisión salió de su salario y no del de él. Que no lo presione a ayudar a los niños a hacer las tareas, sólo porque toda la semana, a pesar de todo el trabajo que tiene acumulado en la oficina, ha sido ella y no él quien los ha ayudado. Así no podemos. Con imposiciones no lograremos nada con ellos y eso está más que comprobado. Es la habilidad que tenemos las mujeres para conseguir lo que queremos sin siquiera levantar la voz lo que está en juego. Es poder estar sí en igualdad de condiciones pero no tener que perder las consideraciones.

En una reunión de mujeres escuché la siguiente perla que me causó mucha gracia: "Ahora, años después, pretenden que celebremos los 50 años del tal derecho al voto. La fecha que nos obligó a trabajar, a mantener muchachitos, a pasar hojas de vida, a conocer palabras y siglas raras como: Codensa, Ensirva, EPM, ETB, ESCA… Y, eso sí, la más popular de todas: HP. Porque gracias también a las feministas y a su bendita revolución, ahora es el HP del taxista, el HP del cartero, el HP del jardinero, el HP del marido…".Y en parte, es verdad. No, así no podemos. Propongo más bien que, en vez de Colgas y vainas raras de esas, volvamos a la sana costumbre de hablar en nuestra terminología real: hablemos más bien otra vez de Gucci, de Prada, de Louis Vuitton.

Porque en eso sí hay que darles crédito a feministas que a las machistas por igual: las mujeres no nos hemos vuelto mal habladas ¡porque sí! No señor, también es gracias a toda esta revolución socioeconómica que nos hemos vuelto tan agresivas. A esa corriente extremista del feminismo a la que se le ocurrió buscar la igualdad para obligarnos a conformarnos con esfuerzos de primera, trabajos de segunda, sueldos de tercera y una vida de quinta a punta de caldo de costilla. Por eso, ni las unas ni las otras, lo que definitivamente más nos conviene ante tanta quejadera de lado y lado es armar nuestra propia corriente intermedia. Les digo, señoras, que la solución es convertirnos en machistas, ¡pero por conveniencia!

CUARTA PARTE

¿CÓMO NO DIVORCIARSE Y NO MORIRSE DEL ABURRIMIENTO?

CAPÍTULO 20

FANTASÍAS SEXUALES FEMENINAS:
¿SOÑADORAS O ILUSAS?

L O CIERTO ES QUE FEMINISTAS, MACHISTAS O NO, hay una nueva tendencia entre las mujeres modernas del mundo: cumplir nuestras fantasías sexuales. Entre ellas, destaco dos que realmente han convertido la revolución sexual femenina en algo realmente interesante. Algo como para alquilar balcón. Lo mejor de todo es que, al parecer, ya nadie se aterra.

AVENTURAS EN PAÑALES

Salir con tipos menores es, para nosotras, más o menos igual a lo que para ellos significa estar con dos mujeres al mismo tiempo: la materialización de un sueño erótico. Una verdadera fantasía sexual. Vivir una aventura sin metas con un tipo que desaprobaría hasta nuestra propia madre no deja de ser una verdadera tentación.

¿Acaso la solución para dejar de competir entre nosotras es buscar nuevas fuentes de *ingreso*? ¿Acaso por andar buscando al príncipe azul, terminamos olvidándonos de los promisorios renacuajos? Un mercado vigente y aún virgen para muchas mujeres allá afuera. ¿Será verdad que salir con tipos menores nos sube la autoestima al punto de convertirnos en mujeres más interesantes? Acaso en vez de seguir perdiendo el tiempo con hombres supuestamente mayores, estables e interesantes, nos va mejor de vez en cuando vivir una aventura tipo *I*: intensa, irresponsable, muy posiblemente irrepetible, con algún impublicable. Piénselo, a lo mejor por ahí es la cosa.

Una confesión gratuita que me puede costar la reputación: hacía frío y, en la ciudad, comenzaba a llover de todo. De todo menos hombres interesantes. Como era viernes, después del trabajo mis amigas y yo acordamos desde el día anterior (típica actitud capitalina, tan ocupadas todas que hasta para tomarnos una gaseosa toca *RSVP*) ir a cenar juntas. Como dentro del sitio que elegimos no había mesas disponibles pues estaba lleno, la idea de cenar en la terraza ante la amenaza de una hipotermia colectiva, nos resultó poco menos que atractiva. Por esa razón nos fuimos. Gabriela, para nuestra húmeda desgracia, nos confesó que había dejado su carro estacionado un par de calles más abajo. Por temor a dañarnos el *blower* recién hecho esa mañana, precisamente para poder salir esa noche, decidimos meternos en una taberna para esperar a que escampara la lluvia. Cuando entramos, el ambiente no era ni remotamente parecido al del mundo *light* en el que tan bien nos desenvolvíamos. No sonaba Bacilos en el fondo, ni había las típicas caras conocidas como el presentador de noticias, o el ejecutivo de moda que esa mañana había sido entrevistado por Julito en la W, ni las modelos *top* que tanto amamos odiar, a las que en secreto, por pura envidia, mientras las saludamos entre dientes, les deseemos un ataque masivo de celulitis crónica. Ni siquiera había rastro del lagarto ese de todas las fiestas que nunca se cansa de pedir nuestros teléfonos a pesar de que siempre le damos algún número equivocado para quitárnoslo de encima. Y que, por pura pereza, es el mismo que le damos todas: el del CAI de la Circunvalar.

Allí, en ese sitio extraño para nosotras, todo era oscuro. La música *rock* pesada sonaba al fondo y era realmente difícil distinguir entre tanto mechudo andrógino, cuáles eran los hombres y cuáles eran las mujeres. Mis amigas armaron sindicato y amenazaron con irse pero, como afuera seguía lloviendo a cántaros, les tocó resignarse a quedarse. Por mi parte, me acerqué a la barra y, como de costumbre, pedí *apple* martinis para todas. El del bar, una especie de Marilyn Manson criollo, sonrió burlón. Así que regresé a la mesa con tres *frías*, al parecer la bebida típica y regular del lugar. Gabriela, durante mi ausencia, ya se había empezado a amañar en el sitio. Se hacía intercambio de luces y señales con un mechudo que luego descubrimos se llamaba Lucho. A secas. Al poco rato, un Miguel y un tal Juan Sebastián nos acompañaban sentados en la mesa. Nos fuimos al rato a casa con la sensación de haber cometido un crimen. Un pecado o de haber hecho algo ilícito. ¡También nos fuimos a casa con sus teléfonos!

Al día siguiente, sintiéndonos como poco menos que una epidemia ambulatoria de poliomielitis, por haber atacado a la niñez, entramos nuevamente en el sitio. Eso sí, mucho más seguras y relajadas, saludando de beso hasta al de la barra. Sin el sastre de moda, sin la cartera Louis Vuitton de la temporada, chimba o no, pedimos una tanda de cervezas. O de *frías* para entrar más rápidamente en ambiente. También para que nos empezaran a aceptar como las *locales* que no éramos. Uno a uno fueron llegando los mechudos de la noche anterior, y se acomodaron a nuestro lado. Esa noche terminamos en casa de Lucho, a secas, oyendo con el volumen bajito, para no despertar a su mamá (qué oso, lo admito), acetatos de Led Zepellin, originales de *pulguero* como orgulloso nos lo aseguró. Fue, sin lugar a dudas, ¡una noche idílica!

Con el paso de los días, también se incrementaban nuestras ganas de repetir. ¿De repetir qué? Aquellas conversaciones sin sentido, de no tener que adornar nuestras aburridas historias de nuestro pasado sentimental con el fin de sonar más interesantes ante los supuestos *buenos partidos*. De repetir los besos desesperados, las caricias irresponsables en sitios que, según cada una por su propia cuenta descubrió, le gustaban pero que ni nosotras mismas sabíamos que existían. Sí, teníamos toda la mala intención del mundo de repetir lo vivido sin más ganas y expectativas que las de sentir cosas nuevas antes de regresar a nuestros viejos patrones sociales de siempre. A esos en los que nosotras mismas, como en una gran y pegajosa red, nos habíamos dejado atrapar. Fue así como, en secreto, y durante todo ese mes de noviembre, vivimos aquellos tórridos y clandestinos romances. Justo en aquella época en la que nos creyeron, a las tres, más desprogramadas y ponchadas que nunca, en la que estuvimos más activas que, valga la redundancia, nunca. En la que, según comentaban, con lo lindas que nos habíamos puesto últimamente, cómo era posible que no tuviéramos novio. O al menos alguien con quién salir. Fingiendo resignación, sólo sonreíamos. El sexo, en grandes y satisfactorias cantidades, indiscutiblemente embellece.

Fue también en esa misma época en la que aprendimos a jugar otra vez bolos, en la que nos convertimos en expertas catadoras de cerveza barata. En la que también descubrimos que lo que ganábamos no alcanzaba para costear tanta energía. Porque la misma que tienen los menores para besar y hacer el amor, la tienen para salir a bailar, a tomar y para inventarse los más insólitos planes a los que, por supuesto, los acompañábamos. Paracaidismo, escalada de roca, *bungee jumping*, *karts*, tan sólo por mencionar algunos. Planes que, entre otras, terminábamos costeando nosotras, "por pura consideración", según pensábamos. "Son estudiantes de universidad y nosotras ya somos profesionales", nos justificábamos. "Nos están arruinando", nos lamentábamos.

Un día cualquiera, aquel popular refrán que dice "zapatero a tus zapatos" comenzó a tener mucho sentido. Los tenis empezaban a hacer llaga y comenzábamos a extrañar a Jimmy Choo. La excusa de "tengo parcial mañana" ya no era un admirable gesto de responsabilidad, sino una verdadera pesadilla. La llamada a su casa, en donde seguro contestaba la mamá, furiosa además por la relación del niño de la casa con la cucha al otro extremo de la línea, era ya insostenible. La tomadera de cerveza ya nos tenía sin físico ni estética para aspirar a ponernos siquiera un pantalón ajustado. Y ni qué decir de los planes grupales y las *vacas* hasta para comprar una caja de fósforos que ya nos tenía hasta la coronilla. Un día cualquiera empezamos a extrañar con descarada nostalgia a Andrés, el corredor de bolsa al que zafé porque tenía la bendita manía de llamarme a la oficina a decirme que me quería. ¡Qué tal, yo tan ocupada y él tan desconsiderado!, pensaba en ese entonces. Los ojos se le aguaron a Gabriela, al recordar con repentino cariño a Gustavo, el abogado al que ella no le volvió a pasar al teléfono porque se "atrevió" a mandarle flores a la oficina cuando apenas si lo conocía. Hubo llanto colectivo también al recordar aquellas épocas cuando nos pasaban a recoger en carro y no a pie. Cuando el helado lo pagaban ellos y así sabía más dulce. Cuando el mejor restaurante de la ciudad tenía nombre de chef francés, así fuera colombiano, y no el Star Mart de la bomba de gasolina de la esquina.

Fue entonces cuando, literalmente, colgamos los tenis y regresamos a nuestras antiguas andanzas. Nunca antes había apreciado tanto la envidia, la rivalidad, los mismos con las mismas: al lagarto, a la modelo, al ejecutivo de moda recién entrevistado por Julito esa mañana. Nunca antes la *top* me había caído tan bien. Así mismo, nunca más supimos de Miguel, de Juan Sebastián ni de Lucho, a secas. Valientes o aventureras, por un rato cambiamos los tacones por los tenis. Nunca antes unos Manolo Blahnik nos habían parecido tan lamentablemente cómodos. Y hasta ahí llegó nuestra fantasía sexual de mujeres modernas con un infante.

Un espécimen seductor y peligroso

Nada mejor que salir con un malandro para subir la autoestima. Conquistar a un malandro, masoquistas como lo somos casi todas, es considerado un verdadero logro entre nuestro gremio. El malandro no es propiamente aquel cuya profesión lo lleve a pasar largas temporadas en la cárcel, ni tampoco aquel que sale frecuentemente fotografiado en los periódicos en la sección de orden público con un cartel abajo que lee "se busca" o "recompensa". No, el malandro es aquel individuo misterioso, ese que ha salido con todas pero que ninguna ha podido pescar. El que a pesar de su mala fama uno siempre termina pensando que es una especie de honor ser parte de su harén personal. Ese ser generoso que en vez de entregarse de lleno, en cuerpo y alma a una sola, se reparte en todas. El que por lo menos no se molesta en ocultar su instinto animal y, como el rey de la manada, atiende a todas sus súbditas por igual sin que ninguna se moleste por ello. Algo que nunca he podido entender, a pesar de ser absolutamente fiel, es para qué gastarnos el tiempo analizando y estudiando el comportamiento de los animales para compararlo con el nuestro, si lo que más hemos aprendido de los animales es que la monogamia es un invento humano. Si el hombre es un animal, como ya lo hemos comprobado, cuál es ese rollo mental y emocional en el que nos hemos embarcado al poner toda una serie de reglas absurdas que lo único que nos hacen es cohibirnos y frustrarnos. El león, por ejemplo, protege a sus parejas, ellas atienden a sus crías, todos tienen sexo y todo funciona a las mil maravillas. Entonces, ¿por qué amargarnos la vida tratando de cambiar un comportamiento animal tan… natural?

El malandro no finge como los demás hombres que está contento con la imposición social que dicta que para cada hombre sólo debe existir una sola mujer. Hay que aprovecharlo mientras dure, parece ser su filosofía. Una que nos parece, lo admitamos o no, terriblemente irresistible.

Es aquel hombre que no se molesta en montarnos moza clandestina, pues todo lo hace de frente. El que nunca sabemos si nos volverá a llamar después de una idílica noche de pasión, pero que igualmente lo recordaremos por siempre. Ese ser tan esquivo que uno llega hasta a sentirse afortunada y ni qué decir privilegiada de que haya puesto sus ojos (y sus manos) en nosotras. Así sea por un rato nada más. El rebelde que no anda en carro, sino en moto. Como para que, encima de todo, todo el mundo sea testigo de sus andanzas. El que sabe perfectamente que, a pesar de que nos parezcan peligrosas las motos, si es él quien la maneja, nos encantan. Sabe que para nosotras no hay nada más *sexy* que abrazarse fuerte a alguien como gesto de confianza a pesar de que siempre estará latente la posibilidad de terminar debajo de un bus. Y no precisamente cambiándole la llanta. El malandro es el que bebe, el que fuma copiosamente y frecuentemente sale de juerga. El que no sabe mucho de moda, pues siempre se ve desgreñado y sucio y aún así logra verse increíblemente *sexy*. El que se deja la barba por varios días, el enemigo de las peluquerías, ¡el terror de los peluqueros! El que se mueve en bares y antros de mala muerte, pero que cuando decide integrarse a veces a la sociedad, no abandona su estilo así se vea raro entre los demás.

Es el que, a diferencia de los babosos, sabe cuándo hablarnos y cuándo dejarnos a la mitad de la noche tan sólo para inquietarnos. Para que nos devolvamos a casa preguntándonos si lo volveremos a ver. Es aquel hombre de pocos amigos, que no caza en jauría como todos los demás. El solitario de mirada enigmática que no sabemos si se baña a diario o semanalmente. Si en él es una cuestión de aseo o de culto, pues siempre se ve igual de descuidado. El malandro es el que, en secreto, todas nuestras amigas también desearían tener pero que en vano tratan de apartar de nuestro camino, fingiendo consternación. Ese hombre de espíritu libre que en vez de invitarla al cine, parquea su moto en el techo del edificio más próximo al autocine para ver la película gratis. Y eso nos encanta, pues en vez de considerarlo un gesto de tacañería como lo haríamos si el que lo hiciera fuera un alto ejecutivo por dárselas del muy audaz, inevitablemente nos parece terriblemente romántico.

Es aquel cuya idea de llevarla a cenar es por ventanilla, o a la tienda de la bomba de gasolina y, aunque no sea el restaurante más caro del mundo, a nosotras nos termina pareciendo un plan de lujo. El malandro no lo lleva a uno a la casa, más bien por petición casi siempre nuestra nos deja en la esquina para que nadie se dé cuenta de la clase de joyita con la que estamos saliendo. Pero esa clandestinidad también es lo que más nos atrae hacia él. Es ese al que no le importa realmente lo que usted trae puesto, si de igual forma no lo conservará por mucho tiempo. Lo que más bien le interesa es lo que *no* trae puesto. Es al que no le molesta y ni siquiera le parece sospechoso que no le presente a sus padres. No conocerlos es más bien el requisito. Un malandro nunca le mandará flores. Más bien la mandará al carajo si se pone muy intensa. Si empieza con esa torpe costumbre femenina que nos lleva a preguntar cosas tan bobas como "¿me vas a llamar?" o "¿dime cuándo te volveré a ver?". Sintiéndose acosado y acorralado por usted y por sus avances románticos, seguramente la abandonará. No hay nada peor en la cabeza de un malandro que la idea de enamorarse. Peor aún, que se enamoren de él. Este tipo de hombre vive día tras día y tal vez nunca logremos saber con certeza si nos ama o no pero es ahí precisamente en donde radica su encanto. En que nos mantiene adivinando, suponiendo, pensando, esperando. Y a las mujeres nos encanta que nos hagan esperar. Si ese hombre que le dijo que la llamaría el sábado entrante, no lo hace sino hasta dos meses después, ese es el que nos gusta. No el que prometió invitarnos un viernes y, al no aguantarse, llamó un jueves. Ese seguramente nos parece demasiado intenso.

Y como las mujeres somos expertas en enamorarnos justo del que más daño nos hace, este espécimen masculino nos atrae como un imán. Pero hay esperanzas. Si algún día la sorprende con que volvió a aparecer de la nada, de barba afeitada y perfumado, seguramente es que usted logró llamarle la atención. Al menos por un rato más. O que se regeneró y ahí sí qué pereza que se vuelva del común. Entonces, tan variables como somos, seguramente ya no lo querremos volver a ver más. Pero lo que sí serán estos gestos, son señales inequívocas de que muy a pesar de él mismo, ha empezado a sentir algo por usted. Y precisamente en ese punto nuestra fantasía sexual empieza a diluirse. Nos gusta que nos maltrate con el látigo de la indiferencia, que desafiar todas las reglas del sistema y a nosotras mismas sea su manera de conquistarnos.

Eso sí. Luego de que un malandro le haya dañado la cabeza y haya desaparecido misteriosamente de su vida casi de la misma forma en que apareció, éste no será la clase de hombre con la que uno puede jugar el inútil juego de la dignidad o del orgullo herido en el que tantas mujeres somos tan profesionales. Porque un malandro, así no le ofrezca nada certero para el futuro, tampoco la engaña. Todo es muy claro desde el principio con él. Aquí no habrá nada más que el hoy, el ahora, ¿le sirve? Así que al malandro uno siempre termina perdonándolo y si se lo vuelve a encontrar, lo que más le conviene es fingir que nunca la dejó con los crespos hechos, como si nunca hubiera llorado por él. A este tipo de hombre uno lo perdona porque entiende que no es que uno fracasó en el intento por conquistarlo. Porque si fue así con uno, seguramente también lo fue con todas. Entonces admitimos, de la manera más patética, que así la humillación de que nos haya dejado viendo un chispero, ya no nos duele tanto.

En cambio, el posible futuro prospecto, el buen partido, ese que nuestras madres sí aprueban, el que se viste impecablemente, el aseado; el perfumado, el que se da cuenta hasta cuando uno no ha tenido ni tiempo para hacerse las uñas; el que va con uno en el carro, tan concentrado en la conducción, pues las neuronas masculinas no le dan para hablar y manejar al mismo tiempo, que no nos determina; el que ni nos habla en todo el camino y aún así nos pregunta que por qué tan calladas en el restaurante al que nos llevó, a este tipo de hombre no le perdonamos nada porque al final no podemos más que sentirnos estafadas. Salir con un hombre así es como comprar un tiquete de lotería, ganárnoslo y, al ir a reclamar el premio, descubrimos que nuestro tiquete era falso. Y una desilusión de este tamaño, con alguien quien a diferencia del malandro siempre resulta ser peor de lo que esperábamos, se paga con nuestro desinterés. Por el contrario, el malandro, el bueno para nada (que se pueda publicar), a ese sí que le perdonamos todo. Porque de él nunca llegamos a pensar que iba a funcionar. Con él nunca nos ilusionamos. Porque más bien nos sorprende cuando aparece, como cuando desaparece sin razón alguna: también nos resulta su mayor atractivo. Porque de este uno no espera nada, en cambio de los demás uno espera y exige todo.

Tal vez la vida sentimental de una mujer moderna sería mucho más satisfactoria y sencilla si aprendiéramos a ser unas malandras también. A desaparecernos cuando nos aburramos. A volver a aparecer cuando queramos. A no enrollarnos con tanta posesividad y aprendiéramos a ser cada vez más libres. Es posible ser una malandra aún si se está casada. Y eso no significa que de ahora en adelante nos dediquemos a coleccionar amantes. No, es más bien aprender a vivir con menos expectativas y a disfrutar del hoy y del ahora. Una recolectora de historias, como creo serlo, también he aprendido que toda buena historia de amor tiene su principio y un buen final. Que agarrarse de la idea de que sólo tenemos una oportunidad para enamorarnos es el error más grave que cometemos en la vida. Pero si hasta casadas, si el tiempo nos lo permite, es posible enamorarse muchas veces de su marido, ¿por qué no permitírselo a usted también muchas veces en su vida? Depende de lo que usted quiera, eso sí, a lo mejor ser una *novia eterna* es la solución a la mayoría de sus problemas sentimentales. No obligarse a permanecer por siempre enamorada del mismo hombre, sino más bien admitir que las buenas historias casi siempre terminan bien, pero terminan. Aprender a asumir que una ruptura no es precisamente un fracaso, sino un final. El cierre de un ciclo que duró sólo lo que debía durar. Por eso es que la mayoría de las mujeres en el mundo fantaseamos sexualmente con un malandro.

Otras populares fantasías sexuales implican una dosis fuerte de alto riesgo. En un ascensor, en el baño de un avión, en un carro andando, en el mar frente a cientos de personas que supuestamente no se dan cuenta de lo que hacemos bajo el agua y cosas así. Fantasías repetidas que todas mencionamos como si fueran de nuestra propia autoría. Una fantasía no deberá ser tratada como una promoción y si todas tenemos las mismas ¿entonces cuál es la gracia? No, seamos creativas. Inventémonos fantasías realmente originales como: estar con dos tipos al mismo tiempo, que una amiga nos mire mientras hacemos el amor con nuestra pareja, que los disfracemos de mecánicos para que nos revisen el "aceite". Que los disfracemos de mayordomos para que atiendan todas nuestras peticiones y deseos sexuales. Que se disfracen de médicos y nos curen las ganas. ¡Horror! ¿En qué nos estamos convirtiendo también en la cama? Me acabo de dar cuenta de que las nuestras ¡¡¡son las mismas que tienen ellos!!! ¿Sí ven? ¡Al fin un punto en común! Entonces negociemos.

CAPÍTULO 21

DESCONFÍE DE UN HOMBRE QUE...

L A GUERRA DE LOS SEXOS ES LA ÚNICA en la que ambos bandos se acuestan con el enemigo. El arma de los hombres en esa batalla es la desconsideración. La nuestra, la venganza.

LA CONFIANZA EN LOS TIEMPOS DEL CÓLERA.

Nos hemos vuelto tan desconfiados entre unos y otros, que tal vez por ello las relaciones duran tan poco. Y es que es muy difícil confiar en el prójimo, ajeno o propio, cuando cada vez más ellos se creen el cuento de que en el mundo hay más mujeres que hombres. Cuando entre nosotras mismas hablamos mal las unas de las otras y quitar el hombre ajeno se ha vuelto casi un deporte olímpico que debería ser aprobado en las próximas competencias mundiales. Se practica en casi todos los países. Sin embargo, apartando por un momento lo que también podría ser considerado como paranoia, lo cierto es que a ellos los delatan algunos indicios de los que deberemos estar atentas si es que no queremos meter la pata y terminar encartadas.

Desconfíen de un hombre que...

–Use más cremas que usted.
–Siempre la llama de un celular distinto.

–Cuando la llama aparece bloqueada su identificación: la señal es clara: no quiere que lo ubique o que sepa de dónde la está llamando. O que es un dizque "ejecutivo de alto riesgo" que tampoco le conviene para nada.

–Tenga un buen carro pero aún viva con sus papás o con sus amigos de la universidad. ¡Aun después de los 30!

–No se haya casado después de los 40.

–La anime a trabajar porque lo que quiere realmente es vivir con usted… y de usted.

–Se sabe todos los éxitos del rey del despecho: borrachín fijo.

–Le pone serenata con mariachi en día de semana y sin ninguna razón aparente: quería seguir de farra y para que usted no se molestara al enterarse, decide trasladar la fiesta con sus amigotes a su ventana. Usted trasnochada y sin poder salir a compartir la fiesta porque está en pijama, con rulos y cremas de difícil pronunciación y aplicación en la cara. El plan perfecto para seguir de rumba con su consentimiento o sin éste.

–Nunca la llama por su nombre sino que le dice gorda, flaca o cualquier otro apodo. ¿No ve que el muy vivo así le dice a todas y no se confunde?

–Sólo aparece los fines de semana, con intervalos. Si aparece el viernes, vuelve a invitarla a salir hasta el domingo.

–Que sea muy apegado a su mamá. Qué mamera. ¿No ve que creyéndolo casero y faldero usted jamás sospechara cuando le pongan los cuernos?

–Para terminarle, lo haga dejándole un mensaje en su contestador. ¿Ya para qué?

Consígase más bien un hombre que:

–Preferiblemente sea piloto. La luna de miel ahí será como los planes para viajeros regulares de las aerolíneas: frecuentes.

–Si tiene dinero no tenga tiempo. Si tiene tiempo, que tenga mucho menos dinero que usted.

–Tenga claro que la llave de nuestro corazón es hacernos un regalo inesperado en un momento inesperado. Así como nosotras, a diferencia de lo que trataron de inculcarnos nuestras mamás desde pequeñas, ya sabemos que la llave del corazón de un hombre no es precisamente su estómago. Es tener sexo inesperado en cualquier lugar y momento del día.

–Ya haya salido previamente con todas nuestras amigas y conocidas. Eso nos evitará la pereza de, encima de todo, tener que cuidarlo de las demás.

–No le dé vergüenza hacer el ridículo juntos. Porque eso es precisamente el amor.

–Así como no puede ocultar que está borracho, tampoco se molesta en ocultarle a la humanidad que está enamorado de usted.

–Aunque no confiemos en su sinceridad, mienta muy bien.

–Aunque le guste, no esté hecho a su medida. Que si le gusta y está hecho a su medida, no le caiga tan bien. Uno que si le cae bien, será tan esquivo que le será difícil conquistarlo. Uno que si le gusta, está hecho a su medida y además le pare bolas, se enamore rápido de usted. Lo más seguro es que al poco tiempo se aburra de él.

–A pesar de decirle que no, esté dispuesto a negociar. Con ese sí tiene futuro.

–Si a usted le gusta estar arriba, a él le encante estar abajo.

–No le moleste hacer el amor con usted con las luces encendidas. Con las luces apagadas, a ellos todas las mujeres les parecemos hermosas. Porque todas le parecemos la misma.

–A pesar de saber todo acerca de usted, aún así sigue aguantándosela.

–Uno que no hable mucho. Así podremos conservar la ilusión de que sí nos están escuchando.

–Uno que tenga muchos vicios, o al menos unos cuantos. Porque eso sí, puede estar más que segura que esa persona tan llena de virtudes tendrá algunas que le resulten a la larga verdaderamente insoportables.

–Del que uno tenga una opinión mucho más elevada de la que se merece. O si no uno nunca se enamorará de él.

–Uno que muestre problemas de visión. Al envejecer junto a él nunca se dará cuenta de lo mal que la ha tratado el tiempo. Tampoco se le irán los ojos detrás de una más joven que usted.

CAPÍTULO 22

MACHISMO POR CONVENIENCIA: ¿Y ESO QUÉ ES?

¿"Si no les puede ganar, únaseles"?. En la gran Enciclopedia de populares refranes, habrá uno más inútil y poco conveniente que éste.

PERO VOLVIENDO AL TEMA QUE MÁS SIGUE INTERESÁNDOME: a no dejárnosla montar más de los hombres, ni de las mujeres, ni de nadie. Al de la búsqueda de nuestra propia individualidad para poder identificar qué es lo que nos hace realmente felices y cómo lograr sacarle el mayor provecho a nuestra propia vida. Si luego de estar casada toda la vida, de repente descubre que le gustaría probar suerte como mujer independiente, a eso me refiero cuando hablo de *individualidad*. ¡Qué importa si los demás la critican y la señalan como una persona inestable si su corazón le dicta que por ahí es que está la verdadera felicidad! O, por el contrario, ¿qué importa o a quién más que a usted misma podría importarle si luego de trabajar toda la vida se da cuenta de que ser una mujer independiente no es lo que usted quiere? ¿Que lo que realmente necesita para ser feliz es una pareja estable al lado, una cuenta de ahorros en la que literalmente sí pueda ahorrar, una casa propia de dos pisos y un perro en la puerta que se llame Fifí? ¿A usted qué podría importarle si sus compañeras de trabajo la criticaran por haber, aparentemente, "tirado la toalla" y retirarse joven y bella a darse la gran vida a costa de su marido? Y a eso, a poder hacer lo que se nos venga en gana, sin importar si aprueban o no los demás, es precisamente a lo que me refiero.

Por ello, tras largos años de la que se asegura (pues gracias al feminismo a mí no me tocó) fue una cruel opresión machista, finalmente aprovecho esta oportunidad para defender mi posición femenina mas no feminista. Para promover la creación de un nuevo movimiento pro machista. ¡Pero por conveniencia! Sí, así la protesta con olla en mano no se haga esperar de las que seguramente no estarán de acuerdo conmigo, lo que propongo es la creación de un nuevo movimiento. Uno que se base en sólo lo que nos gusta y nos sirve, del feminismo. Uno que abogue por los derechos de la mujer, pero en privado. Un nuevo movimiento morrongo, arribista, hipócrita, pero eso sí muy eficaz para ganarles la tal batalla de los sexos en su propia ley. Para ganarles también la guerra a todas esas mujeres que insisten en quejarse de sus parejas pero que no quieren ceder ni un milímetro en sus posiciones. A las que, aunque quieren seguir trabajando, se lamentan de sus vidas en pareja y siguen culpándolos a ellos de todo lo malo que nos pasa. Recuerde, eso sí, que cualquier tipo de estrategia que se arme, mal aplicada, conduce a un error. Entonces, ¿para qué vamos a ponernos a hablar mal de los hombres si son divinos? ¿Para qué si, modernas o no, tarde o temprano descubrimos que nos encanta que nos paguen las cuentas? Que se nos aparezcan de repente con flores, carteras, tiquetes de avión.

¿Para qué, si nos fascina que nos corran la silla para que nos den el chance de mirar al que está enfrente sin que se den cuenta? ¿Que sigan presentándonos a sus mejores amigos para ver a cuál vamos cultivando para que sea su remplazo? Pensándolo bien, no nos debería interesar demasiado cambiar las cosas. ¿Para qué? Si nos conviene fingir que somos machistas para manipularlos en su propia ley. Si así podemos jugar su propio juego para que crean que son ellos los que mandan. ¿Para qué si realmente lo que nos conviene es que sigan teniendo la ilusión óptica de que son ellos y no nosotras quienes llevamos la batuta en la casa? Así sea con su dinero. Esta, señoras, es una invitación a la reflexión. Si todo así ha funcionado tan bien, ¿para qué cambiar las cosas? ¿Para qué darnos mala vida y quitarles la ilusión de que son ellos los jefes del hogar?

Históricamente hablando, la diferencia entre los sexos siempre ha existido. Nosotras somos, aparentemente, débiles; ellos son, aparentemente, útiles. Ellos pagan, nosotras gastamos. Señoras, no se den mala vida, no se engañen más: nosotras somos realmente las que mandamos en la casa. Por eso somos las *amas de casa*. Amas, es decir, ¡dueñas y señoras de sus casas y de sus salarios! Ellos mandan, sí, pero a traer cervezas. No se ofenda si es él quien paga las cuentas y, por ende, quien pretende imponer las reglas en el hogar. Algún día tendrá que volver a la oficina y la que se quedará reinando muy a sus anchas seguirá siendo usted. ¿Entonces para qué luchar contra eso si mantenernos, lo que para ellos sigue siendo sinónimo de poder, para nosotras ha sido, a lo largo de la historia, sinónimo de comodidad? A costa de ellos, por supuesto. Y si todo funcionaba tan bien, ¿para qué venir a dárnosla ahora de las muy heroicas si definitivamente es mucho más rico bañarse durante horas en agua tibia o caliente, sin preocuparnos siquiera de quién o de dónde sacó el dinero para pagar el agua o la luz? ¿Si a diferencia de lo que muchas personas en el mundo promulgan, es mucho más rico recibir que dar? Si precisamente el éxito de los restaurantes radica en que si una se arregla divina, la llevan al sitio. Allí le preguntan a uno qué quiere cenar. A uno le traen la comida a la mesa sin que siquiera nos pase por la cabeza quién demonios cocinó o sazonó la comida. A uno le levantan el plato cuando ha terminado sin siquiera preocuparse por lavarlo y, encima de todo, si es una invitación con miras de conquista, ¡ni siquiera nos toca pagar la cuenta! ¿Entonces nos van a tratar de convencer a estas alturas del partido de que la comida hecha con nuestras propias manos y esfuerzos sabe mejor? Cuando *todas* las mujeres sabemos que no hay nada mejor que ir a restaurantes y para variar no tener que lavar platos. ¿Que oler a ajo y engrasarse el pelo para alimentarnos es un verdadero logro? Y esa misma teoría aplicaría para casi todo en la vida real.

Antes que nada, empecemos por ser honestas: ¿qué le parecería más rico: que la paseen a una o caminar? ¿Que le regalen a una cosas o gastarse el sueldo del mes para comprar algo de lo que nos antojamos? ¿Pagar cuentas o que "milagrosamente" aparezcan ya pagadas? ¿Coser o comprar la ropa ya hecha? ¿Crédito o efectivo? ¿Madrugar para ir a trabajar o trasnochar para ir a bailar? ¿Oír música u oírle la cantaleta? ¿Entonces por qué insistimos en complicarnos la vida? ¿Para qué retarlos y quitarles sus responsabilidades hacia nuestro género? ¿Para qué ser asalariadas cuando también podemos ser unas perfectas mantenidas, sin el menor asomo de vergüenza? ¿Si está más que demostrado que eso es realmente lo que les gusta o como les gustamos a ellos? Usted decide.

CAPÍTULO 23

20 REGLAS PARA SUBSISTIR EN PAREJA. FORMULARIO DE ADMISIÓN Y REGLAMENTO PARA MACHISTAS POR CONVENIENCIA

El mayor secreto radica en que hay que saber guardarse una que otra cosa. Para no discutir, ¡para chantajearlos después!

E<small>NTONCES NO SE DÉ TAN MALA VIDA</small>, no sea tan moralista y falsamente orgullosa y admita, al menos, que fingir algo de sumisión también podría tener sus ventajas. Sin embargo, este nuevo movimiento que propongo tendría unas reglas de admisión bien claras. No todas quieren, no todas pueden... pertenecer a él. A modo de club, asociación o secta, lo que usted prefiera, habrá algunos reglamentos que necesariamente deberán seguirse al pie de la letra, si su intención es ingresar en nuestras filas y hacerse acreedor de un sinnúmero de beneficios y ventajas para la mujer moderna que quiera lo mejor de todo: los beneficios del feminismo sin tener que renunciar a las ventajas que nos proporciona el machismo. Tomen nota:

Regla 1. Ser mayores de 30 años. Graduadas de algo, sin importar de qué. No ejercer a menos que sea estrictamente necesario. Y si no le queda de otra, nunca deberá admitir cuánto gana ni mucho menos aportar todo su salario para ayudar en los gastos de la casa. Abrir, más bien, una cuenta secreta, en la que consignará frecuentemente todo lo que empezará a ahorrar de ahora en adelante.

Regla 2. Nunca admitir públicamente que está infelizmente casada. Más que nada, para ellos, debe ser evidente que usted se siente realizada como mujer, como esposa y como madre de familia. Jamás se queje con sus amigas o con sus familiares de lo aburrida que está en una determinada situación. Podría arrepentirse, pues recuerde que las relaciones son cíclicas. Si aguanta lo suficiente, lo que hoy está mal, mañana podría estar peor. O, podría mejorar, en el mejor de los casos: ellos podrían dejar a la otra por intensa y por pretender que ellos acaben con su *feliz hogar*.

Regla 3. De ahora en adelante no diga nada y pásela mejor. Uno es dueño de lo que calla y esclavo de lo que dice. ¿Para qué mostrar sus ases antes de acabar el juego? Mejor utilice el popular *elemento sorpresa*. Si su situación es tan insostenible: no le diga lo que está pensando y empiece a actuar en silencio. Es decir, contacte a un buen abogado y espere a que se vaya al trabajo o de viaje para sacar todas sus cosas… a la calle.

Regla 4. Hay espacios y terrenos que de ahora en adelante quedarán absolutamente vedados para usted. Ni se le ocurra ofrecerse a ayudarles a los niños con las tareas difíciles de matemáticas o de cálculo, si su marido está en casa. Eso le sumaría y muchos puntos negativos en su contra, pues supuestamente para eso está él. Supuestamente es él quien sabe de esas cosas, usted no. Cuando el señor de la casa esté de cuerpo presente, casi nunca, aguántese las ganas y ofrézcase más bien a ayudarlos a marcar los cuadernos o a pintar pero jamás a resolver ningún tipo de ecuación por fácil que sea. Nada que haga sentir mejor al marido que sentirse útil y lucirse frente a los niños, a costa de su supuesta ignorancia.

Regla 5. Siguiendo con el tema de los territorios prohibidos para una verdadera *machista por conveniencia*, jamás, entiéndase bien, jamás intente siquiera cambiar por su propia cuenta ningún bombillo de luz o a arreglar algún aparato eléctrico. Así tenga título, recibida con honores de la Universidad de Yale, con especialización en ingeniería mecánica y eléctrica, no le conviene demostrar sus habilidades cuando él esté en casa. Más bien, aprenda a fingir que no sabe ni prender la lámpara de la sala y verá cómo le empieza a ir mejor.

Regla 6. Nunca se le ocurra armarle ninguna clase de juguete a sus hijos. Mándelos directamente adonde el papá, eso los hará sentir importantes.

Regla 7. De ahora en adelante, nunca podrá volver a desplegar sus habilidades culinarias, así se haya graduado de chef en *nouvelle cuisine* en Francia. Finja amnesia progresiva y aprenda más bien a quemar todo lo que se le atraviese por delante de la olla. Si le asa carne, cerciórese de que en vez de tres cuartos, le quede cuarenta cuartos; dura como una chancleta después de un incendio. Luego de uno que otro regaño, podrá empezar a disfrutar nuevamente de los servicios a domicilio, de las salidas a restaurantes o de esa empleada del servicio que tanto rogó para que le contrataran, pero que jamás accedieron a hacerlo por considerarlo innecesario.

Regla 8. Si sale en su carro y por desgracia se le pincha una llanta, deje el carro tirado, llame una grúa o a él para que la desvare. Así de mecánica sepa incluso más que él, no es conveniente que lo ridiculice cambiándola usted misma. Este, señoras, nuevas machistas por conveniencia, es uno de los territorios absolutamente vedados para usted. Nada que tenga que ver con autos, mecánica o mecánicos podrá ser siquiera comentado por usted. Finja más bien que, como el hombre de la casa que es, tendrá licencia para desplegar toda su fortaleza y su astucia cada vez que se le dañe el carro. Puntos extra para usted si lo hace con cierta frecuencia, hasta el punto de convencerlo, sin siquiera abrir la boca, de que lo que va a necesitar definitivamente es un conductor.

Regla 9. De ahora en adelante sus juntas de negocios se deberán llamar *showers* o bingos. El sueldo que gana jamás será usado como tema de conversación. Mucho menos deberá ser comparado abiertamente con el de su marido o pareja. Mucho menos si es mucho más alto que el de él. El jefe, por muy querido que sea, de ahora en adelante comenzará a llamarse delante de su marido como "El HP ese". Jamás hable de ascensos laborales, ni de lo mucho que disfruta su trabajo o de lo bien que le fue ese día. A ellos les fascina pensar que algún día nos aburriremos de hacerlo y que nos someteremos por fin a sus deseos de ser sólo amas de casa. Si su intención es que, a pesar de fingir sumisión, su marido la siga dizque dejando trabajar, lo único que le funcionará es fingir que también está odiando a lo que de ahora en adelante y, por conveniencia, por supuesto, se referirá como "a ese trabajo de mierda".

Regla 10. Si va a usar el computador de la casa, asegúrese de que ya se haya ido a la oficina para poder chatear a sus anchas con sus amigos cibernéticos en el exterior. Si, por casualidad, llega temprano de la oficina, cosa casi inusual en él, y la ve sentada al computador, finja que se está haciendo las uñas o que intenta aprender a usarlo pero que no ha podido. Si llegara a sospechar siquiera que usted lo maneja a la perfección, lo más seguro es que le empiece a poner claves y contraseñas a todo y jamás pueda volver a revisar su correo electrónico sin que él se dé cuenta.

Regla 11. Jamás se le ocurra sostener ningún tipo de debate deportivo con ellos. Éste sí que es definitivamente su territorio.

Nunca demuestre ningún tipo de conocimiento o entusiasmo por ningún deporte en especial. Más bien pregunte cosas tontas como: ¿qué están jugando?, ¿cuántos equipos juegan? y cosas de ese estilo que muy seguramente le sacarán la piedra. También frente a él dedíquese a comer como una descosida, preciso cuando estén viendo alguna competencia. Pruebe a ver qué pasa. De él y no de usted saldrá seguramente la sugerencia de ingresar en algún gimnasio. A él no le gustará verla gorda. ¡Bingo!

Regla 12. De ahora en adelante usted será toda una celosa energúmena. Una loca histérica a la que le tengan terror, incluso sus amigos. A ellos, aunque jamás lo admitirán, les encanta que uno les revise los bolsillos del pantalón, los cuellos de las camisas para ver si hay algún rastro de pintura de labios porque eso los hace sentir realmente importantes. Cada vez que lo llamen por teléfono asegúrese de preguntar quién es como si de verdad le interesara. Practique previamente un buen *show* de celos y finja que está molesta si acaso llega tarde de la oficina. No le hable por varios días justo antes de alguna fecha importante para así garantizar que el regalo será mejor.

Regla 13. Su suegra de ahora en adelante será, delante de él, referida como: "aquella buena y abnegada mujer" o, "tu señora madre". Nunca más deberá quejarse abiertamente del último agravio propinado por su insoportable suegra. No olvide estar pendiente y recordarle llamar a su madre en fechas importantes. Es más, compre usted misma los regalos y déjeles el precio para que vea que son costosos. Finja comprensión y consideración. Convénzalo de que para usted es importante que él pase más tiempo con ella para que la relación entre ambas mejore. Con que la visite más a menudo, seguramente logrará sacarlo más frecuentemente de la casa y así ver la telenovela en paz. También ganará algunos puntos con la suegra, si es que no sospecha que está haciendo lo mismo que haría ella si su marido estuviera vivo.

Regla 14. Nunca lo llame a la oficina a algo distinto que a desearle un buen día, a decirle "te amo" o cualquiera de esas cursilerías que les encanta porque creen que de verdad nos morimos de amor por ellos. Nunca se le ocurra mandarle ninguna razón con la secretaria, más bien si no le contesta porque está ocupado, pídale que la llame de vuelta y dígaselo usted mismo. Casos se han visto que entre dos se pierde una razón y no siempre usar a *terceros* como intermediarios es una buena estrategia. Exagere un poco en los detalles esos que enamoran. Compre un libro o pídales consejos a sus amigas mejor casadas que usted. Déjele noticas en la mesita de noche. Consiéntalo, hágale masajes en el cuello así los haga con más delicadeza un luchador de sumo. Recuerde que lo que vale es la intención. Para lo de las cuentas por pagar, para eso sí es mejor a través de terceros. Usted concéntrese en estar enamorada.

Regla 15. Nunca le conteste el celular de una. Finja que no sabe ni cómo prenderlo, mucho menos contestar llamadas o revisar su correo de voz. Pruebe también cómo le va apagándolo algunas veces durante el día para luego convencerlo de que se le descarga la batería. Remátelo aplicándole un poco de su propia medicina, con una frase como "estos aparatos, como tú dices, no se han terminado de inventar". Dele un poco de su propia medicina tecnológica y aproveche ahí sí para revisarle sus mensajes en su correo de voz y hasta para tener mozo sin que él pueda andar tras su pista.

Regla 16. Si lo que pretende es permanecer casada y lograr que la mantengan por muchos años más, que nunca se le vaya a ocurrir adquirir o desplegar demasiada destreza en la cama a la hora de hacer el amor. Cómprese un vibrador si es preciso, si es que definitivamente ya no logra satisfacerla pero no cometa el error de sugerirle posiciones nuevas ni ninguna de esas vainas. Ellos no nos necesitan muy hábiles en la cama, pues para eso tienen a la otra. A nosotras nos conviene más bien fingir que no es lo más importante y que, cuando pasa, es por complacerlo solamente. Ese tipo de abnegación, compromiso y complacencia marcan la diferencia y logran mantenerlos casados.

Regla 17. Esconda todas sus revistas *Cosmopolitan*, las *Dinero*, las *Semana*, las *Reader's Digest* y, más que nada, los diarios; todo el material de lectura que la delate como una mujer informada. Que nunca la vea leyendo nada distinto a las páginas sociales del periódico o la sección de entretenimiento. Podría sospechar que usted es más bien culta y actualizada y eso sí sería un serio problema para sus planes. Ni se le ocurra comentar ningún tipo de noticia política, mucho menos económica. Al ver juntos el noticiero, no se le olvide comentar que a qué hora empezará la sección de farándula y "las buenas noticias del entretenimiento". Nunca recuerde el nombre de ningún político y si es posible, intencionalmente *olvide* el nombre completo de nuestro presidente.

Regla 18. Ofrézcase a plancharle las camisas y quémeselas a propósito. Sin ninguna vergüenza, salga con él a la calle usando algún atuendo previamente quemado también por usted y por su malvada plancha. Finja que no se dio cuenta al salir de casa que en la parte de atrás de su falda está la sombra chamuscada de la plancha. Lo mínimo que logrará es que le abra cuenta en la lavandería más cercana, que le contrate a alguien que la ayude o, en el mejor de los pasos, que le compre ropa nueva. Ya que tendrá que comprar para él porque toda ya se la quemó, no habrá ninguna excusa posible para que no le compre a usted también. Ya que toda también la quemó.

Regla 19. Para que vuelvan a viajar juntos y solos, de segunda luna de miel, de paseo romántico, como antes, invente paseo a Panaca con toda la familia. Asegúrese también de invitar a todos sus hermanos, sus esposas y, por supuesto, sus sobrinos. Dígale que será una memorable vacación en familia y la oportunidad para verse y compartir con los familiares que, por tanto trabajo, casi nunca tienen la oportunidad de ver. Con la excusa de que es una inolvidable reunión familiar, haga reservas en el hotel más incómodo de la región y asegúrese de ubicar a todos los niños en la habitación de al lado. Los que no hayan cabido en la suya, por supuesto. Asegúrese de que sus vacaciones anuales sean una verdadera pesadilla, comprándoles pitos y juguetes muy ruidosos a los niños, algodón de azúcar, globos de colores y cosas que puedan explotar y hacer mucho ruido para que la próxima, de él solito salga la idea de viajar solos a algún lugar bien lejano para que ahí sí pueda descansar.

Regla 20. Aprenda actuación. Porque para el éxito de su misión usted requerirá altas dosis de talento para fingir todo lo anterior. Si, por el contrario, a pesar de todo el trabajo que se requerirá para lograr ser algún día una muy convincente *machista por conveniencia,* es decir, si todo lo anterior falla y por su propia cuenta decide tirar la toalla antes de tiempo, entonces ensaye su puntería y practique *lanzamiento de ceniceros y floreros.* Deporte doméstico que debería ser incluido en los próximos Juegos Olímpicos, pues lamentablemente el marido que escogió no tiene arreglo. No viene con garantía, por lo que tampoco podrá pedir la inmediata devolución de su... ¡esfuerzo! Búsquese más bien otro y regrese a la regla número uno.

Y si todo lo anterior le parece complicado y ni qué decir ridículo, ¡pues entonces no se case!

CAPÍTULO 24

¿ARQUITECTAS DE NUESTRA PROPIA DESGRACIA?

EN UNA REVISTA *Vanity Fair*, la actriz norteamericana Gwyneth Paltrow, la ganadora del Oscar por la cinta *Shakespeare enamorado*, dijo algo que me llamó poderosamente la atención: "Somos arquitectas de nuestra propia desgracia". ¿Será eso cierto?

Lo cierto es que su comentario me causó tanta impresión, básicamente porque es tan cierto como que el botox, tóxico o no, ayuda a disimular las arrugas, que a Popeye le interesa Oliva sólo porque Brutus está interesado también en ella y que Oswaldo Ríos tiene problemas de carácter. Analizando más a fondo la situación encontré, por ejemplo, que siempre buscamos en los hombres con los que salimos el mismo patrón. El mismo que nos hace daño por las mismas razones que el anterior. Triste, eso sí, que nunca se nos dé por salir con un tipo normal, de carrera, de esos a los que ascienden en las empresas, de los que se disfrazan de ejecutivos para ir a la oficina, de los que sí ahorran y en vez de gastarse lo que se ganan en fiestas y en juguetes caros con los que casi siempre terminan disfrutándolos con la otra. Uno definitivamente pierde demasiado tiempo saliendo con el carita bonita, chistosín que usualmente no sirve para nada. Triste, muy triste, además, que, por pura y física cobardía, muchas de nosotras no nos atrevamos a salir con alguien que valga la pena por toda esa inseguridad que frecuentemente nos ataca. Más lamentable aún es no arriesgarse a escribir el último capítulo del libro de nuestras propias vidas y dejarlo casi al azar. Nunca apostarle a la página siguiente, a quedarse el suficiente tiempo con alguien para averiguar qué pasaría después si se hubiera atrevido a hacerlo. Si hubiera tenido el tiempo, el interés pero más que nada la voluntad y la tolerancia necesaria para pasar de una etapa a otra. Casi nunca optamos por compartir con nuestras parejas su etapa de desarrollo. Nos desesperamos a mitad del camino. Los queremos ya curtidos, ya profesionales, ya hechos y derechos y no logramos nunca entender que a los hombres, con algo de tacto y mucho de paciencia, uno puede amoldarlos para que se ajusten a nuestra medida. Pero casi nunca ninguna mujer moderna se atreve a embarcarse en semejante aventura tan incierta. Por eso, en muchos casos de mujeres, aquel sabio refrán que dice "la novia del estudiante jamás llega a ser la esposa del profesional" resulta ser tan patéticamente cierto.

Saber qué escoger y cuándo parar de escoger es todo un arte. Y, aún más que eso, es la clave del éxito para lograr algún día la tan ansiada estabilidad emocional que por momentos no parece llegar nunca. Somos nosotras mismas, antes que nada, responsables de escoger nuestros propios proyectos de vida. De diseñarlos cuidadosamente y de elaborar la maqueta que nos servirá de guía para lograrlo. Así mismo, somos responsables también de escoger bien al compañero o, en este caso, al ingeniero que nos ayudará en la obra para que esta no se nos desplome a la mitad del camino. Somos las únicas responsables, además, de escoger bien el terreno sobre el cual hemos de construir. Uno que sea sólido, confiable y bien ubicado para no terminar construyendo nuestro gran sueño sobre arenas movedizas.

Es decir, estimadas aliadas en este gran valle de lágrimas llamado vida, es nuestra culpa si escogemos mal con quién compartir nuestras vidas y, pero aún, si insistimos en quedarnos ahí y seguir caminando por el mismo camino rocoso a pesar de habernos convencido de que lo que escogimos no nos hace felices; si insistimos en seguir caminando por el mismo túnel oscuro y sin salida. Si lo que quiere es permanecer sola, eso es respetable. Pero si lo que pretende es tener hijos algún día sin tener que demostrarle al mundo que usted es tan valiente que puede hacerlo sola, habiendo maneras más fáciles de lograrlo, ¿entonces qué hace saliendo con ese divorciado padre de cuatro hijos, entre ellos una pareja de mellizos recién nacidos a quien su ex mujer le exprime hasta el último centavo? ¿Ese que nunca tendrá tiempo para usted? ¿El que siempre estará ocupado en citas médicas con los niños, o recogiéndolos del colegio o en terapias con maestros y sicólogos? No se dé tan mala vida, si ya sabe que eso no es lo que quiere. Pero, si ese es el que le gusta, pues no se queje ni se frustre. Lo importante es al menos saber de antemano en qué se está metiendo y ahí sí medir las consecuencias. El recién divorciado que vive en permanente enfrentamiento con su *ex*, es aquel que, aparte de tiempo, nunca tiene dinero, pues, guiado por el cargo de conciencia que lo embarga, se lo ha gastado todo tratando de justificar las razones por las cuales abandonó el hogar. Y peor le irá si, de casualidad, ¡esa razón es usted!

Muchas mujeres se gastan la vida tratando de quitarle el marido a la otra, y lo que no han logrado entender aún es que si la señora no cede, no es propiamente porque lo que se estén disputando realmente valga la pena. No, lo hacen principalmente por físico orgullo, para no dejarse de la competencia. Uno difícilmente puede seguir enamorado de aquel cuyos actos y decisiones humillan, aplastan, hacen sufrir y causan tanto daño emocional y sicológico. Cuando eso sucede, y las mujeres quienes han descubierto la infidelidad de su cónyuge confunden el verdadero amor con el orgullo herido, realmente aprendemos lo que es la infelicidad. Muchas, incluso, buscan ayuda siquiátrica para soportar tanto dolor, cuando lo que deberían buscarse para sanar por dentro (y por fuera también) es un buen abogado. Uno que le aclare bien cuáles son sus derechos y sus beneficios reales al divorciarse para que se den cuenta cómo logran recuperarse milagrosamente. Lo mejor de todo es que, una vez divorciados, no sabemos bien si es porque añoran todos los bienes que perdieron, a los hijos o hasta a la ofendida señora, todos en algún momento estudian la posibilidad de regresar. La otra, por su parte, perderá automáticamente el interés cuando se haya firmado el último papel del divorcio, cuando el camino haya quedado absolutamente libre... Cuando se entere de que quedó sin un quinto. Lo que les resulta interesante a este tipo de mujeres, al parecer, es el proceso de idearse la estrategia precisa para competir, no propiamente llegar a la meta. Es decir, lo que les gusta es tener el poder para amargarle la vida a otra mujer y demostrar así a cuál de las dos prefiere el tipo en cuestión. La rivalidad femenina, la mala consejera, la que nos demuestra cada día con peores ejemplos de qué estamos realmente hechas las mujeres. Pero para ellas siempre hay un castigo. Esto, sumado a que le tocó encartarse con el recién divorciado traumatizado, confundido y, ni qué decir, vaciado, le resta aún más puntos a su supuesta victoria. La señora ofendida, por su parte, en cambio podría sumar puntos a su favor si de casualidad el abogado que contrató es más buenmozo que su marido. Y que, así sea por interés, la invita a salir después de haberla ayudado a ganar el pleito. Eso sí que les sacará la piedra a ambos. A él por haberlo dejado, usted a él, pero en la calle. A la moza, en cambio, le dará rabia no haberle echado más bien el ojo al abogado que, entre otras, se quedó con gran parte del dinero de él con sus honorarios. ¿Quién los manda? Pero eso sí, tenga siempre presente que si lo que busca es permanecer casada, las cosas suelen ser a otro precio. Uno muy distinto. Olvídese de contratar al abogado e ignore el tema de la moza.

Otro buen ejemplo de que realmente sí somos las arquitectas de nuestra propia desgracia, es que si lo que usted aún sueña, pasados los 30, es casarse de blanco, rodeada de familiares y de amigos; que la invadan con regalos hermosos, que la fiesta sea en el club más exclusivo de la ciudad y que la lleven de luna de miel a Bali con remate en las islas del Caribe, ¿me pregunto entonces qué carajos hace usted saliendo con ese menor de edad que aún no termina la universidad? ¿Qué hace usted, me pregunto, saliendo con quien se ve como su hijo y al que, en público, le tocará negar por física pena? ¿Aquel que no se ha atrevido aún a presentarle a sus padres porque la vez que se animó y lo llevó a su casa e intentó presentar como su novio, lo confundieron con el mejor amigo de su hermanito? ¿Con ese que sólo la invita a perro caliente de carrito esquinero, o a cine pero con cupones de descuento? ¿El que la lleva al centro comercial no a comprar sino dizque a pasear porque en los bolsillos no tiene ni con qué comprarle un chicle? Sí entiende entonces cómo es que una misma es responsable de su propia desgracia.

En estos tiempos modernos, ¿es posible vivir sólo de amor? Sí. O más bien, sólo hasta que en la última *Vogue*, en la publicidad de Prada, aparezca fotografiada ¡una cartera espectacular que se muere por tener! En ese preciso instante usted mira por fin sin apasionamientos cursis lo que está durmiendo al lado suyo en la cama y, lo más seguro, es que allí mismo también, el amor salga volando por la ventana. Las mujeres, la gran mayoría somos así; ¿qué le vamos a hacer? Porque hasta en el caso de las mujeres que trabajamos y que de vez en cuando nos podemos dar el gusto de comprar, con la ventaja de ni siquiera tener que consultarlo, con nuestro propio dinero, además, el capricho de nuestra preferencia, no podemos negar jamás que hasta el amor se muere si no logramos mantener abiertas nuestras posibilidades. Si llegamos a pensar por un minuto que la persona que tenemos al lado no nos da la talla a nivel económico también. Lo interesante de ser independientes y, aún así, intentar compartir nuestras vidas con alguien es precisamente dejar entreabierta la opción de que si algún día nos aburriéramos de trabajar, alguien va a estar allí cerca para brindarnos la comodidad a la que estemos acostumbradas. La ilusión de que así ante una remota posibilidad usted quisiera descansar por un rato o, por toda la vida, ¿quién sabe?, su compañero procurará que en la nevera siempre haya leche y, sobre su mesa, pan. Que no siempre todo dependa de una. Es, sin lugar a dudas, una buena manera de ilusionarse. Porque así su compañero no sea millonario, ojalá se le ocurriera siquiera poder complacernos algún día con alguno de nuestros célebres caprichos. Es una idea nada más. Una que, entre otras, es para la mujer moderna el motor que mantiene viva su llama de la ilusión. Y por ahí derecho de la pasión, porque uno no quiere salir con alguien que no sólo no le aporte a uno, sino que además nos quite: tiempo, esfuerzo, dinero para la casa. Recuerde que así como con las cirugías plásticas que tanto se han popularizado entre las mujeres: lo que no hay se pone y lo que sobra se quita. Es igual con los hombres, los que no sirven, ¡estorban!

Hay un dicho que encierra una interesante y sabia filosofía: "Marry your own". Es decir, "cásese con alguien de su especie y clase". No busque lo que no se le haya perdido. No invente. Si ya, gracias a los golpes que haya recibido, sabe lo que no quiere, ¿por qué insistir una y otra vez en lo mismo? ¿Por qué insistir en pasar la vida junto a un hombre que jamás le dará siquiera la ilusión de vivir una vida más holgada, más cómoda que la que actualmente tenga? Para vivir en peores condiciones, es mejor quedarse sola y así ni siquiera tendrá en quién depositar toda su frustración. A quién echarle toda la culpa. Es por consideración también con ellos.

El problema muchas veces es que, por afanadas, muchas salimos con un diamante pero bruto. Mi sugerencia entonces es, en el caso de los tipos menores, para que no haya desagradables sorpresas después, déjelos madurar por su propia cuenta. Preferiblemente al lado de otra. Sí, que sea otra la que practique el experimento, no usted. Le aseguro que algún día, con el favor de Dios, sí podrían convertirse en hombres interesantes, maduros, considerados, consecuentes, detallistas. Pero deje que sea otra la que pierda el tiempo, la que haga el curso completo de crianza. Para que eso sí, cuando usted entre en acción, a otra ya le haya tocado la frustración de compartir su espacio de vida con alguien que no tiene nada que ofrecerle. Que hace que uno se quiera devolver adonde los papás, en donde, entre otras, uno siempre asegura que estaba mejor. Procúrese que a usted le toque un tipo ya hecho y derecho y déjele la paciencia a las demás. De hecho, por muy mayor que usted sea, debería ser declarado ilegal salir con tipos menores que usted. Y no hablo de infantes, ni de colegiales, eso ya sería pedofilia. Hablo de tipos que no sean suficientemente maduros para usted y que, por ende, le hagan perder su maravilloso tiempo. Que los carneticen, que sólo les permitan salir con mujeres de verdad cuando ya estén listos. O cuando ya estén listos para mantenerla.

Si lo que aspira es a no tener que trabajar más porque ya lo probó y a pesar de sus logros le sigue pareciendo más atractiva la idea de vivir más cómodamente y sin tantas responsabilidades, entonces ¿por qué insiste en salir con todos sus compañeros de oficina? ¿Con los que están en la lucha igual que usted? ¿Cuando lo que está más que comprobado para lograrlo es que debería estar haciendo es coqueteándole al jefe o, mejor aún, al dueño de la compañía? El corazón es un órgano útil, al que inevitablemente asociamos a los sentimientos, así de allí no provengan realmente. También lo asociamos a la ternura, a la sensibilidad, al amor, cuando casi todas sabemos que eso sale directamente de nuestras cabezas. Pero bueno, ya que insisten en usar el corazón cómo símbolo de todo lo que anteriormente mencioné, lástima que el órgano que supuestamente rige nuestro destino sentimental sea tan ciego. Lástima que, en algunos casos, aunque tenga mejor visión, el corazón siga siendo al menos miope. Y por ello frecuentemente nos conformamos con lo que se nos pasa por el frente, lo que tenemos a la mano, lo que nos cuesta menos esfuerzo. ¿Pero qué pasaría si además le pusiéramos gafas a nuestro corazón y adquiriéramos la habilidad de poder ver más allá? ¿Si, como lo han logrado hacer algunas mujeres, nos atreviéramos a soñar con más? ¿Qué tal si nuestra ambición femenina no se limitara tan sólo a tener algo de compañía y no quedarnos solas? ¿A tener algunos hijos para ver si así evoluciona la relación? ¿Qué tal si no sólo nos alcanzara para conformarnos con lo que hay sino que además nos impulsara a conseguir lo que queremos? O, al menos, a intentarlo siquiera. Por qué se va casar con uno que no llene sus expectativas, uno que le dará una vida de miseria, pues la criticará y hasta permitirá que su madre lo haga, del que se quejará toda la vida al compararlo con todos sus ex novios. Uno al que seguramente le inventará, por pura presión sicológica, que todos fueron mejores que él y aún así no tenga razones de pesos, digo, de peso, para contestarle entonces ¿por qué está con él? Uno al que ni sus propios hijos podrán enseñarle a admirarlo pues siempre lo culpará de su propia frustración. Y no digo que todos los hombres sean malos, como tampoco puedo asegurar que todas las mujeres son buenas o víctimas, digo más bien que no todos los hombres están hechos a nuestra medida. Seguramente ese que no la llena logrará que otra fémina sea absolutamente feliz y plena a su lado. De lo que hablo es que uno no debe forzar nada en la vida. Que uno debe permitir que las cosas fluyan y, eso sí, aprender a definir a tiempo si ese hombre que tiene al lado se ajustaría a su medida o no. Para todos hay algo o alguien que le caiga como anillo al dedo. Pero lo primero que vea, no necesariamente es lo que más le conviene para ser feliz. ¿Qué pasaría entonces si en vez de casarse con el que toca, porque sus amigas más varadas que usted la convencieron, se casara con el que de verdad le gusta y le sirve? Si, por el contrario, insiste en hacerlo, entonces no se queje si usted misma se acaba de graduar como ¡arquitecta de su propia desgracia!

Es simple cuestión de aprender el arte del descarte. Es decir, aprender a clasificar lo que le gusta, lo que le sirve o no, para tener la vida que usted se ha soñado. Si no, viva del amor y deje de envidiar a sus amigas. Confórmese con lo que escogió y tiene al lado. Deje de soñar con grandes galas y zapatilla de cristal. Y, por Dios, deje en paz a ese pobre hombre que no tiene la culpa de que usted haya escogido mal. Y dele, al menos, la oportunidad de una vida digna. Lo cierto es que la mayoría de las mujeres somos terribles y lo que pensamos, lo que queremos, casi nunca corresponde a la realidad que escogemos. Por esto, muchas de ellas viven amargadas, frustradas y reniegan del marido así este sea un dechado de virtudes. Recuerde que para que eso no le pase, escoja, sin apasionamientos, lo que le sirve en esta vida. Por mucho que le guste ese contador público, por muy buenos músculos que tenga, por muy varada que esté en este momento, aprenda a desechar a tiempo lo que no le conviene para que no tenga que quejarse después. Por mi parte, todo este tiempo he escogido no escoger. Sólo lo que sea posible obtener por mis propios medios y evitarme el estrés de tener que depender de la buena o mala suerte, o de la buena o mala voluntad de un hombre para cumplir mis sueños. Es una posición que, aunque no deja de ser respetable, no necesariamente es la más inteligente. Pues lo ideal sería escoger bien a la pareja y así evitarse tanto esfuerzo convenciéndose de que podría funcionar. Cuando en el fondo de nuestros corazones ya sabemos que no. Eso se siente, es químico. Creo que tocó más bien admitir que a lo mejor no soy tan inteligente como creía serlo.

CAPÍTULO 25

EN RESUMIDAS CUENTAS, ¡PERO POR PAGAR!

Si no aprendió nada, espero que al menos se haya divertido un rato burlándose de usted misma, de ellos y de mí, por supuesto.

PARA FINALIZAR, LO MÁS IMPORTANTE que espero haya entendido a través de este libro, señora, es que si antes, a nivel económico y doméstico, todo funcionaba perfecto, ¿para qué venir ahora a cambiar el curso de la historia? ¿Para qué, seguramente nos preguntaremos ahora algunas, enfrentarnos con ellos en batallas inútiles por el poder y quitarles la responsabilidad histórica de hacerse cargo de nosotras y de toda nuestra descendencia? No señoras, llegó la hora de ser realmente inteligentes: complacerlos de vez en cuando y fingir que somos brutas. O tal vez estaríamos viendo ¡*Todos quieren con Marilyn*! Pero para aprender de ella por inteligente. Porque es una de las que mejor finge que es bruta. ¿Dándoselas de digna con el millonario bien cuando le ha hecho la vuelta a todos los buseteros del barrio? El protagonista y todos los demás quieren con la impulsora de maridos que es aparentemente tan idiota que con semejante facha, en vez de conseguirse a un marrano que la mantenga, dizque los entretiene ligerita de ropa. En vez de entretenerlos, debería torturarlos y así seguramente ganaría más plata. ¿Habrase visto a una mujer más brillante? Una que con semejantes *atributos*, finge que prefiere trabajar dizque de costurera en vez de seguir trabajando socialmente y sacar modelitos, ya cosidos, donde Silvia Tcherassi, ¡cortesía del marrano de turno! Pero ahí los tiene muertos a todos, porque eso sí, finge tan bien que es bruta, ¡que todos quieren con ella! Y eso, señoras, comprueba la teoría de este libro: los caballeros como que sí las prefieren más bien bruticas, pero con buena disposición. O que el machismo por conveniencia sí tiene y mucho sentido.

Lo que sí espero, más que nada, es haberla ayudado a resolver la pregunta que de ahora en adelante, también espero, sea clave para que pueda aventurarse a buscar el camino hacia su verdadera felicidad. Ahora sí, ¿ya sabe qué quiere? Así que si usted ya tiene claramente establecido que lo que la hace feliz es su carrera por encima de sus sentimientos, que no necesariamente quiere casarse, tener hijos y convivir con un hombre al lado… ¿qué demonios hace leyendo este libro escrito por una irresponsable como yo? ¿Una que, admito, ni siquiera pudo graduarse ni de bachillerato por radio? Sólo porque muy temprano descubrí a tiempo que, en mi vida, lo que realmente me haría feliz era convertirme en una vil asalariada. Pero una que, tan confundida, variable e inconforme como mis demás colegas, afortunadamente en este punto del abismo entendió también lo equivocada que estaba, ¡que no hay nada mejor que lo mantengan a uno! Por eso, si lo que, por el contrario, usted tiene ya proyectado como lo que realmente la haría feliz en su vida es ser una mantenida y vivir así cómodamente, siga al pie de la letra los consejos de este libro. No le puedo asegurar que así conseguirá marido, pero sí puedo garantizarle que siguiendo algunos consejos, a ellos les quedará mucho más difícil dejarnos… ¡por otra! Entonces, organicémonos. ¿No ven que lo que nos toca es sindicalizar el conflicto? Cambiemos las reglas del juego y seamos casi todas iguales: finjamos que somos brutas. Así, por lo menos, les quedará más difícil cambiarnos por otra mejor o peor que nosotras. Si, al fin y al cabo, todas so-mos iguales…

¡Por… Fin!

NOS AMAMOS
O NOS SOPORTAMOS

EL TEST DEL AMOR

NOSOTROS QUE NOS ¿ ? TANTO...

¿Qué tanto se quieren? ¿Es verdad que se quieren o el sentimiento poco a poco se ha ido convirtiendo en otra cosa? ¿Son novios, amantes, amigos o qué? ¿Ya tienen claro en qué va a terminar su relación?

¿Qué día es hoy?

Antes de comenzar, ¿están preparados para aceptar, sea lo que sea, lo que descubran sobre ustedes mismos y sobre su relación a través de este libro?

(Tú):   ( ) Sí   ( ) No   (Yo):   ( ) Sí   ( ) No

¿Con quién piensa llenar este libro?:*

(A) Su pareja
(B) Un amigo (a)
(C) Sola (o)
(D) El portero del edificio a falta de otros buenos prospectos
(E) Su amigo imaginario

* *Si su respuesta es (A) o (B), de ahora en adelante deberá escoger quien será (Tú) y quién será (Yo). Si escogió la opción (C), escoja sólo la (Yo) de ahora en adelante. Si escogió (D) o (E), al final del libro encontrará una completa guía con nombres y direcciones de siquiatras competentes. O, más fácil aún, devuelva este libro y exija que le devuelvan su dinero*

(Tú): Su nombre: _____

(Yo): Su nombre: _____

Sus fechas de nacimiento:

(Tú): _____

(Yo): _____

Sus respectivos signos zodiacales:

(Tú): _____   (Yo): _____

Si su intención, por cualquier motivo, es llenar este libro sola(o), piensa contestar por usted y por su adorado tormento, "sopita en bajo", amor platónico, tiniebo, amigo ocasional, marido, novio, amante, o como prefiera llamar a su pareja.

(Yo):   Sí ( )   No ( )

Si la respuesta es afirmativa, ¿será capaz de mostrarle después sus respuestas a su pareja?

(Yo):   Sí ( )   No ( )

¿Cuál de las siguientes opciones describiría mejor sus motivos para llenar este test?

(Tú):   ( ) No es muy buena para comunicarse verbalmente
        ( ) Es el día del Amor y la Amistad y le pareció buen plan
        ( ) Siente curiosidad
        ( ) Desconfía de su pareja
        ( ) Su relación se ha enfriado y quiere revivirla
        ( ) Está despechado
        ( ) Está borracho

(Yo): ( ) No es muy bueno para comunicarse verbalmente
( ) Es el día del Amor y la Amistad y a "ella" le pareció un buen plan
( ) Siente curiosidad
( ) Desconfía de su pareja
( ) Su relación se ha enfriado y quiere revivirla
( ) Está despechada
( ) Está borracha

Cuando pequeño, ¿qué era lo que quería ser cuando grande?
(Tú): _____ (Yo): _____

¿Con quién se la llevaba mejor?

(Tú): ( ) Con su papá   (Yo): ( ) Con su papá
( ) Con su mamá   ( ) Con su mamá
( ) Con un hermano   ( ) Con un hermano
( ) Con otro familiar   ( ) Con otro familiar
( ) Con su amigo imaginario   ( ) Con su amigo imaginario
( ) Con nadie   ( ) Con nadie

¿Por qué? _____ ¿Por qué? _____
_____ _____
_____ _____

¿Con quién se la llevaba pésimo?

(Tú): ( ) Con su papá   (Yo): ( ) Con su papá
( ) Con su mamá   ( ) Con su mamá
( ) Con otro familiar   ( ) Con otro familiar
( ) Con su amigo imaginario   ( ) Con su amigo imaginario
( ) Con la humanidad en general   ( ) Con la humanidad en general

¿Por qué? _____ ¿Por qué? _____
_____ _____
_____ _____

¿Quién fue su "Súper héroe" favorito y por qué le gustaba?

(Tú): _____ (Yo): _____

_____ _____

El regalo de cumpleaños que más recuerde de su infancia:

(Tú): El mejor: _____ (Yo): El mejor: _____

_____ _____

¿Recuerda quién se lo dio?

(Tú): El mejor: _____ (Yo): El mejor: _____

_____ _____

¿En qué ciudad nació?

(Tú): _____ (Yo): _____

¿En algún momento ha considerado que tal vez la infancia de su pareja fue mejor que la suya?

(Tú): ( ) Sí ( ) No (Yo): ( ) Sí ( ) No

¿Por qué?

(Tú): _____ (Yo): _____

_____ _____

¿Cuál es el recuerdo más feliz que guarda de su infancia?

(Tú): ( ) Una conversación (Yo): ( ) Una conversación
     ( ) Un regalo   ( ) Un regalo
     ( ) Un paseo   ( ) Un paseo
     ( ) Una amistad especial   ( ) Una amistad especial
     ( ) Su primer amor   ( ) Su primer amor

¿Con quién vivió ese recuerdo y por qué le resultó tan especial?

(Tú): _____ (Yo): _____

_____ _____

¿Quién diría que ha sido la mayor influencia en su vida?

(Tú): _____ (Yo): _____

_____ _____

¿Cuál fue su primer trabajo?

(Tú): _____ (Yo): _____

_____ _____

¿Recuerda qué hizo con su primer salario?

(Tú): _____ (Yo): _____

_____ _____

¿Cuál es su profesión actual?

(Tú): _____ (Yo): _____

_____ _____

¿Le gusta lo que hace para subsistir?

(Tú): _____ (Yo): _____

_____ _____

Si pudiera cambiar de profesión, ¿por cuál sería?

(Tú): _____ (Yo): _____

_____ _____

¿Le gustaría tener el trabajo de su pareja?

(Tú):   ( ) Sí   ( ) No   (Yo):   ( ) Sí   ( ) No

¿Por qué sí o por qué no?

(Tú): _____ (Yo): _____

_____ _____

En el trabajo, se define como una persona:

(Tú): ( ) Exitosa   (Yo): ( ) Exitosa
       ( ) En la lucha con buen   ( ) En la lucha con buen
           futuro   futuro
       ( ) Normal   ( ) Normal
       ( ) De malas en los   ( ) De malas en los
           negocios   negocios
       ( ) Preferiría quedarse   ( ) Preferiría quedarse
           en casa   en casa

¿Cómo cree que su pareja lo ve a nivel profesional?

(Tú): ( ) Trabajador obsesivo   (Yo): ( ) Trabajadora obsesiva
       ( ) Luchador con buen   ( ) Luchadora con buen
           futuro   futuro
       ( ) Ni fu ni fa   ( ) Ni fu ni fa
       ( ) Siento que no   ( ) Siento que no
           me admira   me admira
       ( ) No le interesa   ( ) Preferiría que me
                                   quedara en casa

¿Tiene alguna fobia?

(Tú):   ( ) Sí   ( ) No   (Yo):   ( ) Sí   ( ) No

¿Su pareja sabe cuál es?

(Tú):   ( ) Sí   ( ) No   (Yo):   ( ) Sí   ( ) No

Si la respuesta es sí, ¿cuál es su fobia?

(Tú): _____   (Yo): _____

_____   _____

Si, por el contrario, es negativa, ¿sería capaz de confesarle a su pareja cuál es?

(Tú):   ( ) Sí   ( ) No   (Yo):   ( ) Sí   ( ) No

Si la respuesta es nuevamente afirmativa, ¿cuál es esa fobia? Si no lo es, ¿podría contarle a su pareja por qué no quiere hacerlo?

(Tú): _____   (Yo): _____

_____   _____

¿Qué espera realmente descubrir a través de este libro?

(Tú): ( ) Su verdadera esencia   (Yo): ( ) Su verdadera esencia
       ( ) Qué tan compatibles   ( ) Qué tan compatibles
           son   son
       ( ) Nada   ( ) Nada
       ( ) Una infidelidad   ( ) Una infidelidad
       ( ) Cómo salvar   ( ) Cómo salvar
           su relación   su relación

( ) Qué ha estado ha-
ciendo tan mal que
está sola

( ) Qué ha estado ha-
tiendo tan mal que
está solo

( ) Qué posibilidades tiene
con la persona que le
gusta

( ) Qué posibilidades tiene
con la persona que le
gusta

Ya que empezamos, en señal de confianza, ¿podría tomar la mano de su pareja o amigo y mirarse fijamente a los ojos por un instante?

(Tú):   ( ) Sí   ( ) No   (Yo):   ( ) Sí   ( ) No

Si la respuesta es no, ni se tome la molestia de seguir llenando este libro, pues pierde su tiempo y, más que nada, su dinero o el de quien lo(a) invitó. Ponga algo de música y guárdelo para otro día. Lástima.

Si su respuesta es sí, después de hacerlo diga qué sintió en ese instante:

(Tú): ( ) Me dio mucha
risa nerviosa

( ) No sentí nada

( ) Conté los segundos
que faltaban para sol-
tarle la mano

( ) No quería soltarle
la mano

(Yo): ( ) Me dio mucha
risa nerviosa

( ) No sentí nada

( ) Conté los segundos
que faltaban para sol-
tarle la mano

( ) No quería soltarle
la mano

Bésense en la mejilla como señal de confianza.

UN POCO MÁS ÍNTIMOS

Antes de hacer el amor la primera vez, ¿cuál era su máxima preocupación si sucedía?

(Tú): ( ) Que no le gustara
( ) Que no me excitara
( ) Que no me volviera
a pasar al teléfono
( ) Que se burlara de mí
con las amigas
( ) Que se enamorara
de mí
( ) Que se viera fea
en la mañana
( ) No pensaba que era
posible

(Yo): ( ) Que no le gustara
( ) Que le pareciera gorda
( ) Que no me volviera
a llamar
( ) Que le contara a
los amigos
( ) Que se convirtiera
en "otro"
( ) Que le pareciera fea
por la mañana
( ) No pensaba en eso

¿Cuándo fue la primera vez que tuvieron relaciones sexuales?

(Tú): ( ) Ese mismo día
( ) A la semana
( ) Al mes
( ) Al año
( ) Todavía no

(Yo): ( ) Ese mismo día
( ) A la semana
( ) Al mes
( ) Al año
( ) Todavía no

¿Qué sintió la primera vez que hicieron el amor?

(Tú): _____   (Yo): _____

_____   _____

¿Fue todo lo que soñó que sería?

(Tú): ( ) Sí, resultó buena amante

( ) No, qué fastidio

( ) Estuvo bien

( ) No, de hecho tengo pesadillas

( ) No sé, estaba borracho

(Yo): ( ) Sí, resultó buen amante

( ) No, más se movía la cama

( ) Normal, ya está aprendiendo

( ) No, todo el tiempo estuve pensando en mi ex

( ) No sé, fue tan rápido...

Si la respuesta es negativa, ¿por qué no fue lo que esperaba?

(Tú): _____ (Yo): _____

_____ _____

Si, por el contrario, es afirmativa, ¿cuál es el recuerdo más bonito que tiene de esa primera vez?

(Tú): _____ (Yo): _____

_____ _____

En este momento usted podría definir que su relación es:

(Tú): ( ) Más tierna
( ) Más divertida
( ) Más exigente
( ) Más libre / fresca
( ) Más monótona
( ) Menos pasional
( ) Más apasionada
( ) Más aburrida

(Yo): ( ) Más tierna
( ) Más divertida
( ) Más exigente
( ) Más libre / fresca
( ) Más monótona
( ) Menos pasional
( ) Más apasionada
( ) Más aburrida

Si pudiera, ¿hay algo que quisiera cambiar ya mismo de su relación?

(Tú): ( ) Sí   ( ) No   (Yo): ( ) Sí   ( ) No

¿Qué sería?

(Tú): _____ (Yo): _____

_____ _____

¿Está de acuerdo con su pareja?
(Tú):   ( ) Sí   ( ) No   (Yo):   ( ) Sí   ( ) No

¿Por qué sí o por qué no?
(Tú): _____   (Yo): _____
_____   _____

Abrácense.

¿ERES TÚ MI ALMA GEMELA?

Tal vez en esta sección descubran que después de todo no son tan distintos el uno del otro. Tal vez los ayude a redescubrir qué era aquello que tenían en común y que los unió en el pasado. Eso sí, recuerden que, en la mayoría de los casos, las mismas cosas que nos encantan al principio de nuestra pareja son las mismas por las cuales un tiempo después ya no la soportamos. En el mejor de los casos, qué bonito es recordar todas aquellas cosas pequeñas, las conversaciones, aparentemente sin sentido, que nos llevaban a sentir mariposas en el estómago y a pensar que por fin habíamos encontrado a nuestra alma gemela. ¿Cuáles son sus cosas favoritas? ¿Son acaso las mismas de su pareja? Descúbralo en esta sección.

¿Cuál es el amigo de su pareja que mejor le cae?
(Tú): _____   (Yo): _____

¿Y el que peor le cae?
(Tú): _____   (Yo): _____
_____   _____

¿Recuerda cuál ha sido el momento más romántico durante todo lo que lleva su relación?
(Tú): _____   (Yo): _____
_____   _____

¿El más gracioso?
(Tú): _____   (Yo): _____
_____   _____

El más tenso. ¿Uno en el que ambos casi tiran la toalla?
(Tú): _____   (Yo): _____
_____   _____

¿Cuál es su película favorita?
(Tú): _____   (Yo): _____

¿Su actriz favorita?
(Tú): _____   (Yo): _____

¿Su actor favorito?
(Tú): _____   (Yo): _____

¿Cuál es la canción que más le gusta?
(Tú): _____   (Yo): _____

¿Y su cantante favorito (a)?
(Tú): _____   (Yo): _____

¿Algún grupo o banda favorita?
(Tú): _____   (Yo): _____

¿Cuál es el género musical que más le gusta?

(Tú): ( ) Rock   (Yo): ( ) Rock
       ( ) Pop   ( ) Pop
       ( ) Baladas   ( ) Baladas
       ( ) Rancheras   ( ) Rancheras
       ( ) Reggae   ( ) Reggae
       ( ) Tropical   ( ) Tropical
       ( ) Clásica   ( ) Clásica
       ( ) Otro   ( ) Otro

¿Cuál?
(Tú): _____ (Yo): _____

¿La música es un gusto que comparte con su pareja?
(Tú): ( ) Sí ( ) No   (Yo): ( ) Sí ( ) No

Si no es éste, entonces ¿cuál?
(Tú): _____ (Yo): _____

¿Cuál es su género favorito en películas?
(Tú): ( ) Terror   (Yo): ( ) Terror
      ( ) Acción   ( ) Acción
      ( ) Suspenso   ( ) Suspenso
      ( ) Drama   ( ) Drama
      ( ) Comedia   ( ) Comedia
      ( ) Comedia romántica   ( ) Comedia romántica
      ( ) Romance   ( ) Romance

¿La peor película que se ha visto en la vida es?
(Tú): _____ (Yo): _____

¿El peor actor?
(Tú): _____ (Yo): _____

¿La peor actriz?
(Tú): _____ (Yo): _____

¿La peor canción?
(Tú): _____ (Yo): _____

¿Tienen una canción favorita para ambos? ¿Cuál?
(Tú): _____ (Yo): _____

¿Qué canción, les guste o no, podría ser la banda sonora de su relación?
Es decir, la que mejor podría describir su relación ¿y por qué?
(Tú): _____ (Yo): _____

_____ _____

Su plan ideal para el fin de semana es:

(Tú): ( ) Quedarse en casa   (Yo): ( ) Quedarse en casa
       y dormir   y dormir
      ( ) Ir al cine   ( ) Ir al cine
      ( ) Leer   ( ) Leer
      ( ) Salir a cenar   ( ) Salir a cenar
      ( ) Salir a bailar   ( ) Salir a bailar
      ( ) Visitar amigos   ( ) Visitar amigos
      ( ) Visitar familiares   ( ) Visitar familiares
      ( ) Organizar fiestas en casa   ( ) Organizar fiestas en casa
      ( ) Practicar algún deporte   ( ) Ir a la peluquería
      ( ) Tomarse unos tragos   ( ) Salir de compras

¿Cuál es su apodo de cariño?
(Tú): _____   (Yo): _____

Aparte de su pareja, ¿cuál es la persona más sexy del mundo para usted?
(Tú): _____   (Yo): _____

La película más erótica que han visto juntos es:
(Tú): _____   (Yo): _____

¿Y la más romántica?
(Tú): _____   (Yo): _____

El miembro de "su" familia que mejor le cae:
(Tú): _____   (Yo): _____

Un día que recuerde en el que su pareja se veía especialmente atractiva:
(Tú): _____   (Yo): _____

¿Qué llevaba puesto?
(Tú): _____   (Yo): _____

¿Le gusta cómo se viste su pareja?
(Tú): ( ) Sí ( ) No   (Yo): ( ) Sí ( ) No

¿Cuál es la ropa o el atuendo con que cree que se ve mejor?
(Tú): _____ (Yo): _____
_____   _____

De su ropero, ¿cuál cree que es el atuendo con el que más posibilidades
tiene de seducir a su pareja?
(Tú): _____ (Yo): _____

¿Qué es lo mejor que pueden hacer para calmarse después de una discusión?
(Tú): _____ (Yo): _____
_____   _____

Lo que nunca puede faltar en su refrigerador:
(Tú): _____ (Yo): _____
_____   _____

Su destino turístico favorito. Uno en el que hayan estado los dos:
(Tú): _____ (Yo): _____
_____   _____

Y uno al que les gustaría ir juntos:
(Tú): _____ (Yo): _____

Su comida favorita:
(Tú): _____ (Yo): _____

Su bebida favorita:
(Tú): _____ (Yo): _____

En el año, su festividad favorita es:
(Tú): ( ) Su cumpleaños   (Yo): ( ) Su cumpleaños
       ( ) Navidad   ( ) Navidad
       ( ) Semana Santa   ( ) Semana Santa

( ) Día del Amor
    y la Amistad
( ) Día de la Madre
( ) Halloween
( ) Carnavales
( ) Día de la
    Independencia

( ) Día del Amor
    y la Amistad
( ) Día de la Madre
( ) Halloween
( ) Carnavales
( ) Día de la
    Independencia

¿El plan más loco que han hecho juntos?

(Tú): _____ (Yo): _____

_____ _____

¿Como para repetir?

(Tú): ( ) Sí ( ) No   (Yo): ( ) Sí ( ) No

Uno más loco aún que le gustaría convencer a su pareja de hacer juntos:

(Tú): _____ (Yo): _____

_____ _____

Si se fuera de viaje, su pareja ¿la(o) llevaría al aeropuerto?

(Tú): ( ) Sí ( ) No   (Yo): ( ) Sí ( ) No

¿Y usted a su pareja?

(Tú): ( ) Sí ( ) No   (Yo): ( ) Sí ( ) No

Un lugar adonde nunca llevaría a su pareja:

(Tú): ( ) A la peluquería   (Yo): ( ) A la peluquería
    ( ) A casa de sus papás   ( ) A casa de sus papás
    ( ) Al trabajo   ( ) Al trabajo
    ( ) A un estadio de fútbol   ( ) A un bautizo
    ( ) A todas las anteriores,   ( ) A todas las anteriores,
        siempre la pasamos   siempre la pasamos
        bien juntos   bien juntos
    ( ) A ninguna, siempre   ( ) A ninguna, siempre
        me amarga el rato   me amarga el rato
    ( ) A la que ella quiera,   ( ) A la que él quiera,
        sin presiones   sin presiones

LAS RAZONES PARA SEGUIR JUNTOS

A pesar de una que otra diferencia, lo cierto es que vale la pena luchar por permanecer juntos. ¿Se animan?

Un talento que tenga su pareja y que usted admire:
(Tú): _____ (Yo): _____

Por esta sola razón ha debido terminar esta relación:
(Tú): _____ (Yo): _____
_____ _____

Por esta sola razón, jamás deberá terminar su relación:
(Tú): _____ (Yo): _____
_____ _____

¿Se siente orgullosa (o) de presentarle su pareja a sus amigos?
(Tú):   ( ) Sí   ( ) No   (Yo):   ( ) Sí   ( ) No

Si la respuesta es no, ¿por qué?
(Tú): _____ (Yo): _____
_____ _____

Algo que su pareja dice en público que a usted le avergüenza:
(Tú): _____ (Yo): _____

¿Cuántas veces al día piensa en su pareja?
(Tú): ( ) Una o dos   ( ) Varias veces   ( ) Casi nunca
(Yo): ( ) Una o dos   ( ) Varias veces   ( ) Casi nunca

Sin lugar a dudas, ¿de qué se quejaría su pareja en un hotel?
(Tú): _____ (Yo): _____

Si pudiera ser un hombre o una mujer por un día, ¿qué haría?
(Tú): _____ (Yo): _____
_____ _____

¿Cuál es su posesión más preciada?
(Tú): _____ (Yo): _____

¿Una palabra o frase que su pareja siempre usa y abusa?
(Tú): _____ (Yo): _____

A todas las mujeres les gusta que les digan...:
(Tú):"_____ (Yo):"_____
_____ " _____ "

A todos los hombres les gusta que les digan...:
(Tú):"_____ (Yo):"_____
_____ " _____ "

(Tú): ¿Cuál es su habilidad más masculina?
_____

(Yo): ¿Cuál es su habilidad más femenina?
_____

¿Cuál cree que es el temor más grande que tiene una mujer?
(Tú): ( ) Engordar   (Yo): ( ) Engordar
       ( ) Envejecer   ( ) Envejecer
       ( ) Quedarse sola   ( ) Quedarse sola
       ( ) Enfermarse   ( ) Enfermarse
       ( ) Morir   ( ) Morir

¿Cuál cree que es el temor más grande de los hombres?

(Tú): ( ) Quedarse calvos   (Yo): ( ) Quedarse calvos
       ( ) Envejecer   ( ) Envejecer
       ( ) Quedarse solos   ( ) Quedarse solos
       ( ) Un infarto   ( ) Un infarto
       ( ) Morir   ( ) Morir

Confiese algo que hizo al principio de la relación con el fin de impresionar a su pareja:

(Tú): _____ (Yo): _____

_____ _____

¿Qué le molesta que su pareja le pida, justo antes de acostarse a dormir?

(Tú): _____ (Yo): _____

¿Qué hace a un hombre más interesante?

(Tú): _____ (Yo): _____

¿Qué hace a una mujer más interesante?

(Tú): _____ (Yo): _____

¿Cuál horóscopo lee primero?

(Tú): ( ) El de su pareja   (Yo): ( ) El de su pareja
       ( ) El suyo   ( ) El suyo

Alguna vez ha deseado que su pareja tenga "algo" más grande, ¿qué?

(Tú): _____ (Yo): _____

Algo muy sabio que le haya aprendido a su pareja:

(Tú): _____

_____

(Yo): _____

_____

En un contexto puramente sexual, es mejor:
(Tú): ( ) Dar   ( ) Recibir   (Yo): ( ) Dar   ( ) Recibir

¿Recuerda un lugar extraño en donde usted y su pareja hayan hecho el amor?
(Tú): _____   (Yo): _____

¿Alguna vez se ha "aprovechado" de su pareja mientras dormía?
(Tú): ( ) Sí   (Yo): ( ) Sí
      ( ) No   ( ) No

¿De qué lado de la cama prefiere dormir?
(Tú): ( ) Derecho   ( ) Izquierdo   ( ) Me da igual
(Yo): ( ) Derecho   ( ) Izquierdo   ( ) Me da igual

¿Cuántas veces a la semana le gustaría hacer el amor con su pareja?
(Tú): ( ) Con una me   (Yo): ( ) Con una me
          conformaría   conformaría
      ( ) De tres a cinco veces   ( ) De tres a cinco veces
      ( ) Mínimo diez   ( ) Mínimo diez
      ( ) Últimamente no lo   ( ) Últimamente no lo
          disfruto mucho   disfruto mucho

¿Cuál de estas condiciones afectan su vida sexual de pareja?
(Tú): ( ) Cansancio   ( ) Falta de tiempo   ( ) Estrés
(Yo): ( ) Cansancio   ( ) Falta de tiempo   ( ) Estrés

¿Es usted inhibida(o) sexualmente con su pareja?
(Tú): ( ) Sí   (Yo): ( ) Sí
      ( ) No   ( ) No

¿Por qué?
(Tú): _____   (Yo): _____
_____   _____

¿Hay algo que no hayan hecho todavía? ¿Qué?
(Tú): _____   (Yo): _____
_____   _____

¿La pareja más horrible que conocen?

(Tú): _____ (Yo): _____

_____ _____

¿Y una que admiren?

(Tú): _____ (Yo): _____

_____ _____

¿En qué ocasiones le dice a su pareja: "te amo"?

(Tú): ( ) En su cumpleaños   (Yo): ( ) En su cumpleaños
     ( ) En Navidad   ( ) En Navidad
     ( ) Cuando no hay nadie   ( ) Cuando no hay nadie
     ( ) Por las mañanas   ( ) Por las mañanas
     ( ) Nunca   ( ) Nunca

Defina qué es para usted el compromiso:

(Tú): _____ (Yo): _____

_____ _____

¿La causa de su discusión más tonta hasta la fecha?

(Tú): _____

_____

(Yo): _____

_____

¿Cuál de los dos es más racional en medio de una discusión?

(Tú): ( ) Usted   (Yo): ( ) Usted
     ( ) Su pareja   ( ) Su pareja
     ( ) Ninguno de los dos   ( ) Ninguno de los dos

¿Espera más de su pareja?

(Tú): ( ) Sí ( ) No   (Yo): ( ) Sí ( ) No

¿Qué espera de ella?

(Tú): _____

_____

(Yo): _____

_____

Si en un futuro llegara a tener un problema grave con su pareja, ¿a quién le pediría un buen consejo?

(Tú): ( ) A un psicólogo
       de parejas
   ( ) A un cura o rabino
   ( ) A su papá
   ( ) A un amigo
   ( ) Otro. ¿A quién?

( ) A una bruja
   o astróloga
( ) A su mamá
( ) A un psiquiatra
( ) A nadie

_____

(Yo): ( ) A un psicólogo
       de parejas
   ( ) A un cura o rabino
   ( ) A su papá
   ( ) A un amigo
   ( ) Otro. ¿A quién?

( ) A una bruja
   o astróloga
( ) A su mamá
( ) A un psiquiatra
( ) A nadie

_____

Un buen consejo para su pareja es:

(Tú): _____ (Yo): _____

_____ _____

¿Cuál es el mejor consejo que le han dado para su relación?

(Tú): _____ (Yo): _____

_____ _____

Algo que vea en el futuro de su pareja que le hace feliz:

(Tú): _____ (Yo): _____

_____ _____

Y, finalmente... ¿cuál es la mejor razón para permanecer juntos?

(Tú): _____

_____

(Yo): _____

_____

¿CÓMO ES NUESTRO PRESENTE?

¿Qué es para usted la felicidad?

(Tú): _____ (Yo): _____

¿Cuál reglamento o norma impondría para mejorar la relación?

(Tú): _____ (Yo): _____

En su relación, ¿qué declararía ilegal de ahora en adelante?

(Tú): _____ (Yo): _____

En compensación por la pregunta anterior (en caso, claro está, de que su pareja acceda a cumplir sus nuevas normas de convivencia), ¿qué estaría usted dispuesta(o) a sacrificar?

(Tú): _____ (Yo): _____

¿Qué es eso que no le gustaba de su pareja al principio que creyó, cuando la conoció, que podría cambiarle?

(Tú): _____ (Yo): _____

Si pudiera describir a su pareja en tan sólo tres palabras, ¿cuáles serían?

(Tú): _____ (Yo): _____

¿Cuáles tres palabras son las que mejor la(o) definen a usted?

(Tú): _____ (Yo): _____

Y ahora describa en sólo tres palabras cuáles considera que son sus mayores defectos:

(Tú): _____ (Yo): _____

_____ _____

¿Y sus mejores atributos?

(Tú): ( )Físicos:_____ (Yo): ( )Físicos: _____

_____ _____

_____ _____

De todos los anteriores, ¿cuál es el atributo físico que más le gusta de su pareja?

(Tú): _____ (Yo): _____

¿Qué cree que es lo mejor de ser mujer?

(Tú): _____ (Yo): _____

¿Y lo mejor de ser hombre?

(Tú): _____ (Yo): _____

¿Cuál es la cualidad femenina más eficaz para seducir a un hombre?

(Tú): _____ (Yo): _____

¿Cuál es la cualidad masculina más eficaz para seducir a una mujer?

(Tú): _____ (Yo): _____

¿Cuál considera que es su más eficaz e infalible arma de seducción? Mejor dicho, ¿con qué sedujo a su pareja?

(Tú): ( ) Su mirada   (Yo): ( ) Su mirada
    ( ) Su cuerpo   ( ) Su cuerpo
    ( ) Su conversación   ( ) Su conversación
    ( ) Su sonrisa   ( ) Su sonrisa
    ( ) Su aire inocente   ( ) Su aire de conquistador
    ( ) Su sinceridad   ( ) Su franqueza
    ( ) Su sentido del humor   ( ) Su sentido del humor
    ( ) Su carisma   ( ) Su chequera

¿Piensa que es válido que en una relación a veces nos sintamos más ena-
morados de nuestra pareja que otras?

(Tú): ( ) Sí, es imposible   (Yo): ( ) Sí, es imposible
       dar siempre 50/50   dar siempre 50/50
      ( ) No, me parece que   ( ) No, me parece que
       es el ideal   es el ideal
      ( ) Sí, hay días que uno   ( ) Sí, hay días que uno
       quiere más que el otro   quiere más que el otro

En este instante ¿cómo está inclinada la balanza?

(Tú): ( ) Siento que la quiero   (Yo): ( ) Siento que lo quiero
       más que ella a mí   más que él a mí
      ( ) Siento que me quiere   ( ) Siento que me quiere
       más que yo a ella   más que yo a él
      ( ) Igual los dos   ( ) Igual los dos
      ( ) Más enamorado que   ( ) Más enamorada que
       antes   antes
      ( ) Menos enamorado   ( ) Menos enamorada
       que antes   que antes
      ( ) Ninguna de las   ( ) Ninguna de las
       anteriores   anteriores

¿Cuándo fue la última vez que usted y su pareja se sentaron a hablar sobre sus problemas?

(Tú): ( ) Hace una semana   (Yo): ( ) Hace una semana
      ( ) Hace más de un mes   ( ) Hace más de un mes
      ( ) Hace más de un año   ( ) Hace más de un año
      ( ) Hace un rato   ( ) Hace un rato
      ( ) Nunca lo hemos hecho   ( ) Nunca lo hemos hecho

Emocionalmente, ¿qué es lo que más le gusta de su pareja?

(Tú): _____   (Yo): _____

_____   _____

¿Cómo es un día perfecto en pareja?

(Tú): _____   (Yo): _____

_____   _____

Si pudieran comenzar de nuevo:

(Tú): ( ) Ya para qué   (Yo): ( ) Ya para qué
      ( ) Lo haría gustoso   ( ) Lo haría gustosa
      ( ) No lo haría. Así me gusta   ( ) No lo haría. Así me gusta

Confiese dos malos hábitos que tenga y que usted sabe que molestan a su pareja:

(Tú): 1. _____   (Yo): 1. _____
     2. _____   2. _____

Si ello ayudara a mejorar su relación, ¿estaría dispuesta(o) a evitarlos?
(Tú): ( ) Sí ( ) No   (Yo): ( ) Sí ( ) No

Cuando piensa en su pareja, ¿cuál es la imagen que primero se le viene a la mente?
(Tú): _____   (Yo): _____
_____   _____

¿Cuál es el mejor paseo que han hecho juntos?
(Tú): _____   (Yo): _____
_____   _____

El peor y ¿por qué?
(Tú): _____   (Yo): _____
_____   _____

¿Cuál es la mejor fiesta a la que hayan asistido?
(Tú): _____   (Yo): _____
_____   _____

¿Y la peor?
(Tú): _____   (Yo): _____
_____   _____

¿Quién es el/la mejor amigo(a) de su pareja?
(Tú): _____   (Yo): _____
_____   _____

¿Le cae bien esa persona?

(Tú): ( ) Sí   ( ) No   (Yo):   ( ) Sí   ( ) No

¿Por qué sí o por qué no?

(Tú): _____ (Yo): _____

¿Alguno de los amigos o amigas de su pareja le produce celos?

(Tú): ( ) Sí   ( ) No   (Yo):   ( ) Sí   ( ) No

¿Quién y por qué?

(Tú): _____ (Yo): _____

¿Alguna vez ha protagonizado una escena de celos con o por su pareja?

(Tú): ( ) Sí   ( ) No   (Yo):   ( ) Sí   ( ) No

¿Cuándo?

(Tú): _____ (Yo): _____

¿Dónde?

(Tú): _____ (Yo): _____

¿Con quién?

(Tú): _____ (Yo): _____

¿Qué motivó la escena de celos?

(Tú): _____ (Yo): _____

Al ver a su pareja en ese plan, ¿qué sintió?

(Tú): ( ) Vergüenza   (Yo): ( ) Vergüenza
      ( ) Rabia   ( ) Rabia
      ( ) Miedo   ( ) Miedo
      ( ) Tristeza   ( ) Tristeza
      ( ) Risa   ( ) Risa

¿Han detectado algo que les moleste a los dos y por lo cual siempre discuten?

(Tú): ( ) Sí ( ) No   (Yo): ( ) Sí ( ) No

¿Qué es?

(Tú): _____ (Yo): _____

_____ _____

¿Cuál sería una solución salomónica para evitar futuras discusiones y con la que se sentirían cómodos los dos?

(Tú): _____ (Yo): _____

_____ _____

¿Cuánto tiempo le invierte al día a su arreglo personal? Mejor dicho, ¿cuánto tiempo se demora en el baño cada día?

(Tú): _____ (Yo): _____

_____ _____

¿El baño es motivo de discusiones frecuentes?

(Tú): ( ) Sí ( ) No   (Yo): ( ) Sí ( ) No

De cómo deja el baño, ¿qué es lo que más le molesta de su pareja?

(Tú): ( ) Sus pelos en todas partes   (Yo): ( ) Pelos en el lavamanos
       ( ) La ropa interior   ( ) La toalla mojada
         colgada en la ducha   en el piso
       ( ) Que use sus cuchillas   ( ) La crema dental
         de afeitar   destapada
       ( ) Que se demore tanto   ( ) La tapa del inodoro
                                              arriba
       ( ) Que se gaste su crema   ( ) Que se gaste su
         de afeitar   champú

¿Ha hecho algo para remediarlo?

(Tú): ( ) Sí ( ) No   (Yo): ( ) Sí ( ) No

¿Qué?

(Tú): _____ (Yo): _____

_____ _____

Si es que tienen una relación estable, ahora que el mismo tiempo se ha encargado de cambiar las cosas, ¿qué es lo que más extraña de su antigua relación?

(Tú): ( ) Los detalles románticos   (Yo): ( ) Los detalles románticos
     ( ) La pasión   ( ) La pasión
     ( ) Tiempo para usted   ( ) Tiempo para usted
        mismo   misma
     ( ) Salir de paseo   ( ) Salir de paseo
     ( ) Bailar   ( ) Bailar
     ( ) La risa   ( ) La risa
     ( ) Conversar   ( ) Conversar
     ( ) Más tiempo con su   ( ) Más tiempo con su
        pareja   pareja

Un sueño que tenga presente siempre y que quiera realizar con su pareja:

(Tú): _____ (Yo): _____

_____ _____

¿Se arrepiente de no haber tenido antes más parejas de la que tiene actualmente?

(Tú): ( ) Sí, siento que me faltó   (Yo): ( ) Sí, siento que me faltó
        experimentar más   experimentar más
     ( ) Sí, no cometería   ( ) Sí, no cometería
        tantos errores en ésta   tantos errores en ésta
     ( ) No, estoy feliz con   ( ) No, estoy feliz con
        mi pareja   mi pareja
     ( ) Nunca he pensado   ( ) Nunca he pensado
        en eso   en eso

Deliberadamente, ¿alguna vez salió con alguien a quien sus amigos y sus familiares consideraran un "petardo(a)"?

(Tú): ( ) Sí ( ) No   (Yo): ( ) Sí ( ) No

¿Quién era esa persona?

(Tú): _____ (Yo): _____

_____ _____

¿Cuánto tiempo duró esa relación?

(Tú): _____ (Yo): _____

¿Cuál es el lugar más raro donde se ha despertado?

(Tú): _____ (Yo): _____

¿Cuál es su cura infalible para una ruptura sentimental?

(Tú): _____ (Yo): _____

¿Alguna vez un(a) ex le ha hecho pataleta en público con bofetón incluido?

(Tú):   ( ) Sí   ( ) No   (Yo):   ( ) Sí   ( ) No

Si la respuesta es afirmativa, ¿siente que lo merecía?

(Tú):   ( ) Sí   ( ) No   (Yo):   ( ) Sí   ( ) No

Si sigue siendo afirmativa, ¿qué fue lo que hizo para provocar dicha situación?

(Tú): _____ (Yo): _____

Usted considera que fantasear con un(a) ex ¿es una forma de infidelidad?

(Tú):   ( ) Sí   ( ) No   (Yo):   ( ) Sí   ( ) No

¿Por qué sí o por qué no?

(Tú): _____ (Yo): _____

¿Cuál fue el regalo más costoso que le dio a algún(a) ex?

(Tú): _____ (Yo): _____

Si supiera que su pareja aún mantiene una comunicación frecuente con,
un(a) ex, usted:

(Tú): ( ) Se molestaría   (Yo): ( ) Se molestaría
      ( ) No le importaría   ( ) No le importaría
      ( ) Fingiría que no le   ( ) Fingiría que no le
        importa   importa
      ( ) Terminaría con ella   ( ) Terminaría con él

¿Cuántas veces la(o) han dejado?

(Tú): ( ) Nunca   (Yo): ( ) Nunca
      ( ) De 1 a 3 veces   ( ) De 1 a 3 veces
      ( ) De 3 a 5 veces   ( ) De 3 a 5 veces
      ( ) Tantas que ya perdió   ( ) Tantas que ya perdió
        la cuenta   la cuenta

¿A cuántas personas le ha terminado usted?

(Tú): ( ) Ninguna   (Yo): ( ) Ninguna
      ( ) Una   ( ) Una
      ( ) Entre 2 y 5   ( ) Entre 2 y 5
      ( ) Más de 5   ( ) Más de cinco
      ( ) Demasiadas   ( ) Demasiadas

¿Cuál ha sido la vez menos traumática en la que terminó una relación?

(Tú): _____ (Yo): _____

¿Con quién?

(Tú): _____ (Yo): _____

¿Siguen siendo amigos?

(Tú): ( ) Sí ( ) No   (Yo): ( ) Sí ( ) No

¿Cuál ha sido la "terminada" más traumática que ha protagonizado?

(Tú): _____ (Yo): _____

¿Alguna vez se ha arrepentido de su decisión de terminar?
(Tú):   ( ) Sí   ( ) No   (Yo):   ( ) Sí   ( ) No

Tres cosas que hubiera deseado saber sobre el pasado de su pareja:
(Tú): 1._____   (Yo): 1._____
       2._____   2._____
       3._____   3._____

Tres cualidades que siente que le hacen falta a su pareja:
(Tú): 1._____   (Yo): 1._____
       2._____   2._____
       3._____   3._____

¿Cuál fue esa persona de la cual se alejó cuando se enamoró de su pareja?
(Tú): _____   (Yo): _____

¿Por qué?
(Tú): _____   (Yo): _____

La principal razón por la cual su pareja cae bien a sus amigos es:
(Tú): _____   (Yo): _____

¿Y el principal motivo por el cual no les cae tan bien?
(Tú): _____   (Yo): _____

Dos cosas que hicieron que se enamorara perdidamente de su pareja:
(Tú): 1._____   (Yo): 1._____
       2._____   2._____

Tómense de la mano por un instante y, sin dejar de mirarse, apriétensela fuerte mientras se miran. (Si está llenando este libro con amigos...Tal vez no. Sáltese esta última parte, no le conviene.)